12

FUNDAMENTOS DE LIDERAZGO POR JA PÉREZ

12 Fundamentos de Liderazgo

Keen Sight Books

Puede encontrarnos en la red en: www.KeenSightBooks.com
Reportar errores de imprenta a errata@keensightbooks.com

ISBN: 978-1-947193-00-0

Printed in the U.S.A.

este libro es dedicado a todos los
líderes que laboran con nosotros
en nuestra querida América

agradecimientos

Quiero agradecer a mi Dios, por su gracia y el privilegio de poder servirle. A mi esposa e hijos, quienes pacientemente me prestan de su tiempo para escribir. Al equipo por su ardua labor en todo trabajo literario, especialmente a mi madre por su ayuda en las correcciones a los manuscritos.

A mis mentores y maestros por su influencia y ejemplo especialmente en los años formativos.

A todos los líderes que laboran con nosotros en la América Latina, con respeto aprecio y admiración.

A nuestros dos hermosos gatos que fielmente me acompañan y duermen sobre la mesa mientras escribo.

Contenido

Esta literatura

Este libro está a la cabeza de la serie *liderazgo*. Puede ser usado sólo o también en conjunto con los doce manuales en los que el alumnado de la *Escuela de Liderazgo Internacional* desarrolla maestría sobre cada uno de los principios expuestos en éste.

Intento aquí comunicar al lector doce columnas básicas elementales, necesarias para establecer los fundamentos sólidos sobre los cuales reposa el liderazgo sano.

No son éstos los únicos principios o conceptos que regulan la formación de un líder, sin embargo, estas doce áreas cubiertas en el libro, establecerán una buena base sobre la cual edificar.

1

LIDERAZGO IRREVOCABLE
Sanando heridas y retomando la visión de liderazgo

Porque irrevocables son los dones y el llamamiento de Dios. Romanos 11:29

Antes de comenzar a hablar de principios y conceptos que ayudarán a crecer y madurar nuestro liderazgo, quisiera tomar espacio para hablar del tema posiblemente más importante en la vida de un líder.

Se trata del corazón.

De nada sirve que dominemos con habilidad todos los principios que nos ayudan a ser líderes efectivos, si nuestro corazón (espíritu) está herido, o no se encuentra en el lugar correcto en cuanto a nuestra relación con Dios.

Nuestra relación con Dios es más importante que todo lo que podamos lograr en el liderazgo. Aun más. Ocuparnos de nuestra salud espiritual viene antes que el servicio que podamos dar a otros.

> *Sobre toda cosa guardada, guarda tu*
> *corazón; Porque de él mana la vida.*
> *Proverbios 4:23*

Además de ésto, un líder herido no puede ser muy efectivo. Un líder herido, herirá a otros, hará decisiones impulsivamente, y eventualmente comenzará a exhibir su desgaste lo cual también afectará a otros, comenzando por sus seres queridos.

Entonces, es necesario estar seguro que nuestro corazón esté sano y libre. Libre de amarguras, de resentimientos, de cargas emocionales, de heridas, y daños acumulados a causa de nuestras fallas.

En los próximos párrafos, quiero compartir con usted, lo que Dios puede hacer con un grupo de personas heridas, pero antes de entrar ahí, quiero establecer una verdad sencilla pero poderosa.

Independientemente de tus fallos —y todos fallamos (Rom 3:10-12)— Dios todavía te quiere usar.

El llamado y los dones que Él te dió, todavía están vigentes. Tu don para dirigir, guiar y servir, no se ha ido, independientemente de tu desobediencia.

Claro, que la desobediencia lastima la operación de esos dones, (mayormente por cuestiones de conciencia), sin embargo, esos dones están ahí, y una vez que podamos sanar y corregir lo dañado, Dios restaurará la completa operación y fluir de esos dones.

El problema no son los dones (pues éstos y el llamado son irrevocables). El problema es el carácter, y éste será edificado una vez que ese corazón sane.

La versión King James dice que los dones y el llamado de Dios son "without repentance", donde nuestra biblia dice "irrevocables", lo que quiere decir que Dios no se arrepiente de haberlos otorgados.

Tus dones están ahí. Entonces, ahora que ya estamos seguros de esto, pasemos al próximo paso, preparémonos para comenzar a sanar.

Te invito a que entremos juntos en la cueva de Adulam.

David está cansado de huir. El rey Saúl (quien debió haber sido como un padre para él) por celos le ha perseguido para matarlo y David ha huido, ha vivido escondido, y pareciera que aquella carrera brillante, y todas las promesas que les habían sido dadas se han esfumado. El famoso y poderoso guerrero que en un tiempo hirió a decenas de miles, ahora parece estar solo.

Así ha llegado a esta cueva... la cueva de Adulam.

En la cueva de Adulam comenzó una nueva historia. Ahí, Dios le envió a una buena cantidad de seguidores, solo que éstos venían con muchos problemas.

Veamos la historia.

> *Yéndose luego David de allí, huyó a la*
> *cueva de Adulam; y cuando sus hermanos*
> *y toda la casa de su padre lo supieron,*
> *vinieron allí a él. Y se juntaron con él*
> *todos los afligidos, y todo el que estaba*
> *endeudado, y todos los que se hallaban*

> *en amargura de espíritu, y fue hecho jefe*
> *de ellos; y tuvo consigo como cuatrocientos*
> *hombres. 1 Samuel 22:1-2*

A David, no le llegaron líderes seguros, listos y formados, nó; llegaron hombres afligidos y en amargura de espíritu, esto suena como gente deprimida y con bastantes desajustes psicológicos. Tampoco le llegaron inversionistas, personas con visión y capital listos para invertir en la visión, nó; llegaron hombres con deudas financieras.

Dice la Biblia que fue hecho jefe de ellos; y tuvo consigo como cuatrocientos hombres.

Pero ¿quién quiere ser jefe de un ejército de gente traumatizada? La respuesta es David, un hombre conforme al corazón de Dios.

David no se conformó con el estado presente de su ejército. Él era un hombre de visión, él podía ver el tesoro que estaba dentro de esos vasos de barro.

El resultado fue que pasado un tiempo este llegó a ser un ejército poderoso.

Ésto tomó tiempo y fue un proceso, pero el Señor apoyó a David todo el tiempo de formación de estos hombres.

> *Y David iba adelantando y engran-*
> *deciéndose, y Jehová Dios de los*
> *ejércitos estaba con él. 2 Samuel 5:10*

Usted puede leer en detalles las hazañas y los logros del ejército de David, sobre todo sus treinta valientes en 2 Samuel

23:8-39 o 1 Cr 11:10-47.

Uno de ellos llamado Eleazar, dice la Biblia que en una batalla *"se levantó e hirió a los filisteos hasta que su mano se cansó y quedó pegada su mano a la espada"*.

Sin embargo, hubieron tres de ellos que eran más valientes que todos los otros, y es interesante saber que estos tres, fueron de los que vinieron a David en la cueva de Adulam.

Veamos el texto comenzando en 2 Samuel 23:13, y dice:

> *Y tres de los treinta jefes descendieron y vinieron en tiempo de la siega a David en la cueva de Adulam... Y David dijo con vehemencia: ¡Quién me diera a beber del agua del pozo de Belén que está junto a la puerta!*

> *Entonces los tres valientes irrumpieron por el campamento de los filisteos, y sacaron agua del pozo de Belén que estaba junto a la puerta; y tomaron, y la trajeron a David; mas él no la quiso beber, sino que la derramó para Jehová, diciendo: Lejos sea de mí, oh Jehová, que yo haga esto. ¿He de beber yo la sangre de los varones que fueron con peligro de su vida? Y no quiso beberla. Los tres valientes hicieron esto.*
> *2 Samuel 23:13,15-17*

Luego, miré que uno de estos tres llegó a ser Abisaí, hermano del gran general de David, llamado Joab. Vea lo que dice la palabra sobre él:

> *Y Abisaí hermano de Joab, hijo de Sarvia,*
> *fue el principal de los treinta. Este alzó*
> *su lanza contra trescientos, a quienes*
> *mató, y ganó renombre con los tres.*
> *2 Samuel 23:18*

Otro de esos tres valientes que estaba entre los afligidos y endeudados que llegaron a David en la cueva de Adulam se llamaba Benaía, y miré algunas de sus hazañas:

> *Después, Benaía hijo de Joiada, hijo de*
> *un varón esforzado, grande en proezas,*
> *de Cabseel. Este mató a dos leones de*
> *Moab; y él mismo descendió y mató a*
> *un león en medio de un foso cuando*
> *estaba nevando.*
>
> *También mató él a un egipcio, hombre de*
> *gran estatura; y tenía el egipcio una lanza*
> *en su mano, pero descendió contra él con*
> *un palo, y arrebató al egipcio la lanza de*
> *la mano, y lo mató con su propia lanza.*
>
> *Esto hizo Benaía hijo de Joiada, y*
> *ganó renombre con los tres valientes.*
> *2 Samuel 23:20-22*

Usted puede ver claramente lo que Dios hace con personas que un día estuvieron quebrantadas y fueron desarrolladas bajo el liderazgo de David.

Lo mismo puede hacer Dios hoy. Él puede levantar a gente que tiene todo tipo de aflicción y heridas emocionales, baja estima, etc...

Hoy no peleamos contra filisteos o gigantes físicos (sí contra gigantes espirituales). Un gigante puede ser cualquier cosa en tu vida que se vea imposible de derribar naturalmente.

No peleamos con palos, lanzas, o armas de metal, pero sí se necesitan líderes que tengan la valentía de ir y predicar las buenas nuevas en entornos complejos, y a veces hostiles.

Necesitamos líderes que se dejen edificar en carácter, líderes dispuestos a crecer en estatura espiritual y en influencia, sin embargo, estos no van a venir ya formados.

Un gran problema que tienen muchos de los que pastorean el rebaño es que están esperando que le lleguen gente ya formada.

He oído a pastores orar para que Dios les mande un millonario que venga y pague por su *"visión"*. Eso pudiera pasar, aunque yo nunca lo he visto.

Lo que sí he visto es que todas las personas que vienen a Cristo, vienen con problemas, aflicciones, algunos traen adicciones, otros problemas matrimoniales, otros raíces profundas de amargura, etc... y sí, he visto como Dios ha restaurado las vidas de éstos.

También he visto a muchos, que un día estuvieron muy involucrados en el ministerio y el servicio a Dios, y fueron lastimados, de la misma manera que un soldado es herido en batalla, y Dios nos da la oportunidad de sacarlo del campo de batalla y sanarle, ayudarle y restaurarle, porque los dones y el llamado de Dios son irrevocables. Una vez que Dios ha marcado a alguien como suyo y para su servicio, ese llamado es para siempre, y yo estoy convencido que el liderazgo es un llamado.

2

LIDERAZGO INTELIGENTE

Capitalizando en tus áreas fuertes delegando en tus áreas débiles

El 1% más importante... inspiración

Es muy probable que hayas oído el dicho:

> *El genio es un uno por ciento de inspiración y un noventa y nueve por ciento de transpiración. —Thomas Edison*

Estamos convencidos que sin trabajo, no es posible completar el proyecto. Jamás he visto a alguien que despliegue una idea y automáticamente se convierta en producto acabado. Aun cuando poseas un magnífico equipo que trabaje duro en implementar tus ideas, tendrás que dedicar energía y enfoque, sea en el área de dirigir, en el área creativa o en el área de desarrollo.

Siempre hay que trabajar. Los sueños sin aplicación pronto

se olvidan... jamás bajan de la nube.

Sin embargo, de nada sirve trabajar arduamente en algo si primero no hubo una clara visión de lo que se quiere completar. Es como dar vueltas en círculo, sin un clara definición de rumbo.

Todo proyecto, ministerio, organización, necesita una visión clara que establezca ¿qué es exactamente lo que se quiere completar? Por eso es que no se puede emprender nada sin que primero haya habido una inspiración, y ese es el trabajo de un líder.

Un líder inspira

Inspira a su equipo de colaboradores, y traza el rumbo de la labor con direcciones claras.

Buenos líderes diseñan las ideas y las comunican eficientemente de tal manera que los que le siguen se sientan motivados, inspirados a trabajar consistentemente hasta que se complete lo propuesto. Entonces, inspiración es transferible.

Es por eso que yo digo que si inspiración es solamente uno por ciento, ese es el uno por ciento más importante.

Con ese uno por ciento claro, el otro noventa y nueve por ciento es realizable.

Es una manera inteligente de desarrollar la tarea de ser líder cuando prestamos atención a aquello que pertenece al terreno de la creatividad. Debemos prestar atención y dar importancia al área creativa del liderazgo.

Otra manera inteligente de desarrollar el liderazgo es aprendiendo a capitalizar en nuestras áreas fuertes y a delegar aquellas áreas donde sabemos que otros la pueden realizar mejor que nosotros.

Un buen líder, estudia las habilidades de aquellos que son parte de su equipo y no tiene miedo que otros le opaquen en ciertas áreas de trabajo.

De hecho. La madurez de un líder en gran parte se puede medir por su habilidad de permitir que otros se desarrollen, y que estos brillen en sus áreas competentes.

Veámos cómo identificar habilidades y capitalizar en ello.

Habilidades innatas y habilidades formadas

Aquellas cosas que traes desde que naciste. Talentos naturales que han estado contigo desde que tienes razón o memoria. ¿Cuales son? ¿Puedes nombrarlos?

Para ser un líder efectivo es necesario que estés consciente de cuales son tus habilidades.

Hay personas que tienen gran talento artístico y se dan cuenta de ello desde que son muy pequeños. Recuerdo un primo mío que desde pequeño tenía gran habilidad para dibujar, especialmente caricaturas. Nadie lo enseñó. No tomó clases ni entrenamiento. Era una habilidad cien por ciento natural.

También recuerdo un amigo mío que era muy bueno para las matemáticas. En todo lo que fuera números, él era el mejor.

Todos los niños en la clase se le acercaban cuando tenían dudas, y él siempre tenía respuestas correctas. Ese era un talento natural.

Para mi amigo, estudiar una carrera que tuviera que ver con contabilidad, economía, administración de empresa, hubiera sido algo natural.

Todos tenemos algo cuando nacemos, pero no todos tenemos el mismo don. De hecho, aun dentro de la iglesias, no todos tenemos los mismos dones espirituales.

> *Ahora bien, hay diversidad de dones, pero el Espíritu es el mismo. Y hay diversidad de ministerios, pero el Señor es el mismo. Y hay diversidad de operaciones, pero Dios, que hace todas las cosas en todos, es el mismo. 1 Cor 12:4-6*

Entonces, es importante saber cuales son aquellos dones que Dios nos ha dado.

¿Alguna vez te has encontrado a alguien que quiere cantar y que definitivamente no tiene don, voz, afinación?

Aun peor, cuando nadie se atreve a decirle porque no quieren lastimar sus sentimientos. Que difícil situación. Sería más fácil si dicha persona se diera cuenta de cuáles son sus dones en lugar de que continúe queriendo ser cantante.

En el liderazgo es importante saber cuales son nuestros dones. Cuales son nuestras habilidades innatas y capitalizar sobre estas ventajas.

¿Y qué de las habilidades adquiridas?

Primero debo decir que aun cuando poseen habilidades innatas, es necesario afilarlas, perfeccionar la manera en que las usamos.

Por ejemplo. Hay personas a quienes se les hace fácil hablar en público. Algunos son oradores naturales. Eso es un don. Sin embargo, eso no los convierte automáticamente en predicadores efectivos. Hablar no significa nada si el tema no tiene contenido. Necesitan estudiar, prepararse en la materia que van a exponer. Los mensajes necesitan entregarse ordenadamente, de una manera entendible y que sea posible procesar.

Entonces, uno puede edificar sobre el don que ya Dios nos dió.

Luego, hay habilidades que no requieren necesariamente un acentuado talento natural. Por eso existen escuelas que enseñan oficios.

Sin embargo, es importante que la persona que estudia un oficio tenga inclinación por el mismo.

Entonces regresamos al principio. ¿Cual es tu don? ¿Cuales son tus habilidades naturales?

¿Qué es aquello por lo que sientes pasión hacer?

Hay personas a quienes simplemente les gusta ayudar a otros. Yo creo que eso es una vocación. Pero hay muchos otros llamados, vocaciones e intereses que nacen dentro de la persona, y debemos prestar atención a éstos.

Ahora que sé

Una vez que sabes cuales son tus talentos naturales, entonces adapta tu estilo de liderazgo de acuerdo a tus fuertes.

Invierte más tiempo en aquello que puedes hacer mejor, delega las otras cosas a aquellos alrededor tuyo conforme a sus dones y habilidades.

Mi trabajo consiste en descubrir el talento de otros y luego trabajar para ayudarlos a madurar ese talento.

Delega conforme a talentos

Deja que tu equipo maneje cosas importantes, pero delega todo conforme al talento natural.

En nuestro equipo tenemos personas que tienen pasión por hacer video, otros tienen pasión por enseñar, otros son organizadores, en fin, gracias a Dios estamos rodeados de una variedad de talentos.

Así es que podemos hacer proyectos complicados. Dios nos da la gracia para servir inteligentemente.

> *Adquirir sabiduría, cuánto mejor que el oro, y adquirir inteligencia es preferible a la plata. Proverbios 16:16 (LBLA)*

3

LIDERAZGO Y CONSORCIOS
Colaboración —el arma del futuro

El poder de la colaboración

Fue el día 15 de Marzo del año 2009 cuando llevé a mis hijos al parque de béisbol en nuestra ciudad de San Diego en California para ver el juego entre Japón y Cuba. Era la serie mundial de los clásicos y nosotros estábamos muy emocionados. Para nosotros en San Diego este tipo de experiencias no son muy comunes. No es algo que sucede todos los días.

Para un cubano, el deporte del béisbol es muy importante. En nuestra pequeña isla en el Caribe, recuerdo cuando era aún niño que cuando a una familia le nacían hijos, el primer regalo en la cuna era una pelota o un guante de béisbol.

De pequeño aun nos decían que los cubanos habíamos inventado este deporte —algo que cuando pasaron los años pude darme cuenta que no era cierto. Pero como usted sabe, cada pequeño país escribe sus propios libros de historia. Yo he servido en misiones en varios países de América Latina, y veo este patrón. Por ejemplo, he estado en tres países donde me han dicho que ellos inventaron el chocolate. ¿A quien le creo?

Pero bueno, regresando al béisbol, usted puede darse cuenta lo importante que el juego es para un cubano.

¡Busca la gloria!

He leído bastante sobre el tipo de juego que practican los japoneses. Admiro la manera en que sus lanzadores pueden tirar poderosa submarina, pero sobre todo, siempre me ha intrigado la manera en que juegan en equipo. Realizan un juego muy técnico y muy elemental, con jugadas muy estratégicas, donde un jugador está dispuesto a sacrificar su average de puntos con tal de impulsar a un compañero de equipo de primera a segunda base. ¡Qué concepto tan tremendo... trabajo en equipo!

No es así en Cuba. No señor. En la isla se juega otro tipo de juego. En teoría, sí, el concepto de sacrificar el average de un jugador por avanzar una jugada, está en los libros, pero no con la misma intensidad en la práctica. En la isla se alaba el concepto de "ir por la gloria".

Cada vez que tengas la oportunidad de ir al bate, trata de pegarle fuerte a la bola, si es posible, trata de pegar un homerun. Pégale duro a esa bola hasta que salga del parque y tendrás tu foto en la página del frente en el periódico del día siguiente. ¡Sé el mejor! ¡Sé el número uno!

Pude ver claramente y con tristeza que en el juego contra Japón, el equipo de Cuba no tenía estrategia. Cada jugador estaba tratando de pegar su homerun. Cada uno estaba jugando por su propia gloria. No había trabajo de equipo.

Por otro lado, Japón jugaba en equipo. Mostraban humildad. Ninguno estaba tratando de ser mayor que su compañero y como resultado, el juego terminó seis carreras a cero, a favor de Japón.

¡No es el trabajo de un solo hombre!

Creo que el estilo de juego que tiene el equipo de Japón, representa bien el espíritu de lo que debe ser para nosotros trabajar en equipo.

La necesidad de ser reconocido, halagado, respetado y de recibir menciones, es probablemente el enemigo más grande de una aventura colaborativa.

La idea de un ungido, un iluminado, sentado al centro de un trabajo de colaboración se encuentra en directo contraste con los principios de colaboración exitosa.

Es entonces que el morir a nosotros mismos y a nuestros intereses es uno de los requerimientos más importantes necesarios para que un trabajo de colaboración funcione.

No debemos confundir esto con la necesidad de un director y el orden de autoridad. En cada esfuerzo colaborativo debe haber un director, una cabeza. Alguien tiene que diseñar el modelo de trabajo y ser responsable por los resultados. Orden, disciplina y estrategia, necesitan buen liderazgo tal como en el juego de béisbol se necesita un líder de equipo.

Sin embargo, es interesante que en el béisbol, rara vez verás al manejador del equipo dentro del cuadro. Podrás verle venir a hablar con el lanzador en un momento de crisis, o cuando tiene una desición importante que hacer. Pero por lo regular, el manejador se mantiene dentro del dugout, asegurándose que todo se haga de acuerdo al plan. En el béisbol, el líder no es la estrella del equipo. Su trabajo es promover a otros y estar seguro que sus dones y talentos brillen durante el juego y que al final, el equipo colectivamente celebre la victoria.

Colaboración al centro

A continuación compartiré principios que hacen que un consorcio sea fructífero.

1- Colaboración es basada en generosidad

> *Muchos buscan el favor del generoso, Y*
> *cada uno es amigo del hombre que da.*
> *Proverbios 19:6*

Cuando líderes crecemos en estatura y madurez, y tomamos el papel de mentores es importante que tomemos menos espacio y permitamos que la nueva generación entre y tome cargos más claves, aunque lograr esto tomará más que palabras.

Será necesario que compartámos nuestras oportunidades con otros, que compartámos las relaciones establecidas durante años y abrámos nuestras plataformas para los más jóvenes.

Generosidad (también llamada largess o largesse) es el hábito de dar sin esperar algo a cambio.

El misterio de la generosidad:

Si observas generosidad con ojos humanos, pensarías que al dar algo pierdes —posición, reconocimiento, recursos. Y sí, verdadera generosidad consiste en dar sin esperar algo a cambio, sin embargo, Dios que es justo y está al tanto de tu bienestar, siempre recompensa al dador en maneras que no se pueden explicar naturalmente.

> *Pero esto digo: El que siembra escasamente, también segará escasamente; y el que siembra generosamente, generosamente también segará. 2 Cor 9:6*

2- Colaboración es basada en reciprocidad

Reciprocidad: Es el intercambio mutuo de privilegios. Dependencia mutua[1].

No tendremos una colaboración efectiva sin practicar reciprocidad, pues es por medio de reciprocidad que podemos asegurar que nuestra contribución colaborativa sea equitativamente valorada.

Reciprocidad es considerada como un tipo de comportamiento pro-social (otro sería altruismo) por medio del cual, personas trabajando recíprocamente atraen a otros del mismo pensamiento o inclinación[2].

Aquí incluyo algunas características de verdadera reciprocidad:

• Puede envolver a dos personas o más (o grupos)

• Hay expectación de que el intercambio sea justo

• Participantes corren el riesgo de dar y no recibir de parte de aquellos que quieran aprovechar la oportunidad para tomar ventaja

- Confianza es importante para establecer y mantener arreglos recíprocos

Colaboración por medio de reciprocidad es más evidente en proyectos grandes.

Beneficios de la reciprocidad

Dos personas colaboran en un proyecto y ambos tienen diferentes talentos o recursos a la mesa. Por el hecho que los talentos son diferentes, ambos cubrirán diferentes necesidades dentro del proyecto. De esa manera ambos ganan, pues uno se beneficia de lo que tiene el otro.

Reciprocidad versus Favor

Reciprocidad no es lo mismo que favor. Cuando haces un favor, beneficias a otros sin recibir algo a cambio. Esto es pura dádiva, y sí, este tipo de altruismo es necesario y noble en cualquier tipo de proyecto, pero reciprocidad (cuando hay beneficio a cambio) también tiene un lugar importante cuando se trata de colaboración.

Reciprocidad asegura que todos las personas o entidades envueltas reciban dividendos inmediatos en la inversión.

Es importante tener un modelo de trabajo que permita que todos se sientan valorados por su contribución. Ésto es, no solamente imperativo en nuestro clima de trabajo, también contribuye a la sustentabilidad de toda aventura recíproca.

Reconocimiento

Expresar el valor de lo que alguien aporta a un trabajo colaborativo puede ser en forma de reconocimiento por la contribución y muchas veces un simple gesto de agradecimiento entregado en privado o públicamente logrará el objetivo.

Debemos asegurarnos que todas las personas en relaciones de trabajo recíprocas se sientan inter-conectadas. Esto maximiza el fluir en colaboración recíproca. Esto es porque el intercambio intencional que se crea estimula continua actividad.

3- Colaboración es trabajo colectivo

Apoyo mutuo

Trabajar en contornos solitarios puede ser contraproductivo.

Necesitamos el apoyo, las observaciones, los consejos, y aún la crítica constructiva de otros. Estos operando juntos producen crecimiento personal de quienes colaboran y levanta el nivel de calidad en cuanto a fin que se quiere lograr.

Cuando trabajamos juntos, nos esforzamos por entendernos mutuamente y nos identificamos con otros.

Compartiendo la responsabilidad

Cuando la responsabilidad es compartida, esto minimiza la carga sobre los miembros individuales de un equipo o proyecto.

Ésto también hace que todo se haga en un ambiente saludable con menos presión individual, o presión compartida.

La presión compartida produce enfoque y unidad en los miembros del equipo o proyecto.

Compartiendo la carga emocional

En proyectos grandes en especial los niveles de stress pueden subir considerablemente. La gran responsabilidad puede gastar emocionalmente a aquellos que están a la cabeza.

Tener un equipo trabajando unido con un propósito es la clave para que exista estabilidad emocional en aquellos que toman más decisiones. A veces, una simple palmada en la espalda o una simple palabra de aliento es todo lo que toma para traer a alguien bajo mucha presión a un balance emocional sano.

Todos necesitamos saber que no estamos solos en cualquier tipo de proyecto.

4

LIDERAZGO Y GOBIERNOS

Mas Jesús, llamándolos, les dijo: Sabéis
que los que son tenidos por gobernantes
de las naciones se enseñorean de ellas, y
sus grandes ejercen sobre ellas potestad.
Pero no será así entre vosotros, sino que el
que quiera hacerse grande entre vosotros
será vuestro servidor... Marcos 10:42-43

Dios nos ha dado poder para ejercer autoridad y gobierno en los diferentes aspectos de la vida *"en nosotros"* y *"alrededor nuestro"*.

El poder que nuestro Padre nos ha dado nos ayuda para reinar en vida, y aún influenciar las decisiones más importantes que toman aquellos que diseñan nuestras culturas y moldean el curso de vida en las naciones.

A continuación, compartiré un número de principios que ordenan y regulan la manera en que ejercemos gobierno en nuestra vida personal y en la arena de liderazgo.

Principios de Gobierno

Mayor es el que sirve

Ministerio = Servicio

Antes de entrar en esta sección le invito a leer 2 Reyes 5:1-14

Veamos la historia de Naamán y Eliseo.

> *Naamán, general del ejército del rey de Siria, era varón grande delante de su señor, y lo tenía en alta estima, porque por medio de él había dado Jehová salvación a Siria. Era este hombre valeroso en extremo, pero leproso. 2 reyes 5:1*

En política — *¿De parte de quien está Dios?*

Tengo un escrito, que ahora forma parte de otro libro titulado: *"Cuando Dios se pone de parte de tus enemigos"* que le recomiendo leer detenidamente cuando tenga tiempo.

Es interesante ver que cuando Judas viene a entregar a Jesús, el Señor dice: *"Aquí viene mi amigo"*. ¿Será que a veces quien te causa dolor es tu amigo?

Por encima de la política

Josefus dice que Eliseo tenía una carpa en el campamento de guerra de Israel. Era el consejero militar.

Eliseo era padre de dos naciones. La historia nos enseña que Eliseo era respetado por los sirios de la misma manera que era respetado por los que estaban en Samaria. Ambas naciones le llamaban *"padre"*.

El ministerio del profeta estaba por encima del ministerio de estos dos reyes. El ministerio de Dios está por encima de la política.

Por eso, es peligroso ver las cosas desde la perspectiva de un partido político.

Debemos ver las cosas desde la perspectiva de arriba.

Como en un juego de Ajedrez. A veces los dos jugadores están tan concentrados en el juego que escapan de ver jugadas claves. En muchas ocasiones una persona que está parada observando el juego puede ver esas jugadas, pues lo observa desde otra perspectiva.

Protocolo — *Rey habla con Rey*

El versículo 5 dice: *"Y le dijo el rey de Siria: Anda, ve, y yo enviaré cartas al rey de Israel"*.

Es muy interesante ver la falta de respeto cuando un ministro trata de hablar algún asunto importante con otro ministro, y este lo pasa con su asistente, o manda un representante como si él estuviera por encima. No solo indica esto aires de superioridad, también es una acción que daña la comunicación.

- Un principio de diplomacia en gobiernos, es que tratos y acuerdos se llevan a cabo entre personas del mismo rango.

- Generales tratan con generales, reyes con reyes, siervos con siervos.

Esto muestra humildad y respeto a la vez.

La política tiene limitaciones

Versículo 8: *Venga ahora a mí, y sabrá que hay profeta en Israel.*

El Rey no puede sanar (vs. 7) pero el profeta sí.

No pongas tu confianza en los gobernantes de la tierra. Sus poderes son limitados.

Tu palabra "como líder" trae cambios

Versículo 14: *El entonces descendió, y se zambulló siete veces en el Jordán, conforme a la palabra del varón de Dios; y su carne se volvió como la carne de un niño, y quedó limpio.*

> *Porque no hará nada Jehová el Señor, sin que revele su secreto a sus siervos los profetas. Amos 3:7*

El futuro de esta nación está en tu boca.

Habla al general, habla al alcalde, habla al senador.

Como siervos del altísimo viviendo en un país donde se concentran los poderes mundiales, deberíamos tener una agenda estratégica para alcanzar a senadores, congresistas, y funcionarios públicos con la palabra, oración, y apoyo espiritual.

Ésto sin ser tentados a buscar puestos políticos dejando el ministerio de la predicación, lo cual es un oficio más noble y más importante.

Sólo buenos líderes (no necesariamente políticos) te pueden preparar para tu guerra

Cuando los hombres de Israel vieron que estaban en estrecho (porque el pueblo estaba en aprieto), se escondieron en cuevas, en fosos, en peñascos, en rocas y en cisternas. Y algunos de los hebreos pasaron el Jordán a la tierra de Gad y de Galaad; pero Saúl permanecía aún en Gilgal, y todo el pueblo iba tras él temblando. Y él esperó siete días, conforme al plazo que Samuel había dicho; pero Samuel no venía a Gilgal, y el pueblo se le desertaba. Entonces dijo Saúl: Traedme holocausto y ofrendas de paz. Y ofreció el holocausto. Y cuando él acababa de ofrecer el holocausto, he aquí Samuel que venía; y Saúl salió a recibirle, para saludarle. Entonces Samuel dijo: ¿Qué has hecho? Y Saúl respondió: Porque vi que el pueblo se me desertaba, y que tú no venías dentro del plazo señalado, y que los filisteos estaban reunidos en Micmas, me dije: Ahora descenderán los filisteos contra mí a Gilgal, y yo no he implorado el favor de Jehová. Me esforcé, pues, y ofrecí holocausto.

Entonces Samuel dijo a Saúl: Locamente has hecho; no guardaste el mandamiento de Jehová tu Dios que él te había ordenado; pues ahora Jehová hubiera confirmado tu reino sobre Israel para siempre.

Mas ahora tu reino no será duradero. Jehová se ha buscado un varón conforme a su corazón, al cual Jehová ha designado para que sea príncipe sobre su pueblo, por cuanto tú no has guardado lo que Jehová te mandó. 1 Samuel 13: 6-14

El descontrol que existe en esta nación es porque los gobernantes no están esperando a hombres y mujeres de Dios para que estos vengan y bendigan a los valientes.

Cuando no hay profeta hablando en la nación, los valientes corren a sus cuevas a esconderse... entra temor en la nación.

La única manera de romper el espíritu de miedo sobre una nación es que los profetas (ministros) comiencen a hablar y ministrar sobre la nación.

En cuanto a tu guerra personal... (y todos peleamos algún tipo de guerra). No puedes pelearla (ofrecer tu holocausto) solo. Necesitas que el siervo o la sierva de Dios vengan y ministren a tu vida.

Por eso necesitamos la palabra oída.

Algunos dicen: *"Yo puedo leer y estudiar la Biblia por mi mismo, no necesito ir a la iglesia"*.

Nó. Tu necesitas que alguien ministre y te entregue la palabra hablada.

La razón por la cual muchas iglesias no crecen es porque no hay evangelistas anunciando la palabra.

> *¿Cómo, pues, invocarán a aquel en el cual no han creído? ¿Y cómo creerán en aquel de quien no han oído? ¿Y cómo oirán sin haber quien les predique? Romanos 10:14*

Cuando el pueblo gime, es porque hay malos gobernantes

Ésto aplica a gobierno civil y al gobierno de la iglesia.

La crisis más triste de todas las crisis

> *Vi siervos a caballo, y príncipes que andaban como siervos sobre la tierra. Eclesiastés 10:7*

¿Cómo es que llega a gobernar el necio? (Ecl 10:6)

La corrupción hace que las personas incorrectas suban a posiciones de poder.

Cuando los llamados abandonan su posición, uno sin llamado toma su lugar.

> *Cuando los justos dominan, el pueblo se alegra; Mas cuando domina el impío, el pueblo gime.* Proverbios 29:2

Toda elección está finalmente sujeta a la soberanía de Dios

Y esta verdad es paralela.

En el ámbito ministerial

Recuerdo a un amado hombre de Dios hace años el cual estaba pastoreando una hermosa iglesia. Este amado se enfermaba cuando había elecciones de pastor cada dos años.

- Campañas políticas dentro de una iglesia, lleva al peligro de que salga un político y no un ungido como Pastor.

- Un buen gobernante no es necesariamente un buen político.

En el ámbito civil

- Son los pueblos quienes eligen a malos gobernantes.

- Los pueblos se quejan de aquellos que ellos pusieron en el poder —colectivamente.

Usted preguntará: ¿Cuál entonces es el propósito de elecciones populares?

Ese nunca fue el plan.

La historia enseña que todas las democracias llevan a la pobreza.

Nuestra nación no fue fundada como una democracia, sino como una república.

- En una república los sabios se reúnen para seleccionar a sus gobernantes.

- En una democracia, las masas eligen a quien más les da, y esto lleva a la miseria.

Por eso, necesitamos la mano de Dios para revertir el daño.

El Señor es soberano sobre todo gobierno

El convierte en nada a los poderosos, y a los que gobiernan la tierra hace como cosa vana. Isaías 40:23

El muda los tiempos y las edades; quita reyes, y pone reyes; da la sabiduría a los sabios, y la ciencia a los entendidos. Daniel 2:21

Como los repartimientos de las aguas, Así está el corazón del rey en la mano de Jehová; A todo lo que quiere lo inclina. Proverbios 21:1

Gobiernos —en *Dones de Ministerio*

Los ancianos que gobiernan bien, sean tenidos por dignos de doble honor, mayormente los que trabajan en predicar y enseñar. 1 Timoteo 5:17

Así, pues, téngannos los hombres por servidores de Cristo, y administradores de los misterios de Dios. 1 Corintios 4:1

Y a unos puso Dios en la iglesia, primeramente apóstoles, luego profetas, lo tercero maestros, luego los que hacen milagros, después los que sanan, los que ayudan, los que administran, los que tienen don de lenguas. 1 Corintios 12:28

Orden de Gobiernos en la Iglesia

El Señor fue muy claro en *su palabra* acerca de la manera en que Él desea que esté dirigida y organizada Su iglesia terrenal.

1- Primeramente, Cristo es la cabeza de la iglesia y su suprema autoridad (Efesios 1:22, 4:15; Colosenses 1:18).

2- Segundo, la iglesia local debe ser autónoma, libre de cualquier autoridad o control externo, con derecho al autogobierno y libre de la interferencia de cualquier jerarquía de individuos u organizaciones (Tito 1:5).

Por esta causa te dejé en Creta, para que corrigieses lo deficiente, y establecieses ancianos en cada ciudad, así como yo te mandé... Tito 1:5

Distinciones entre Apóstol, Administrador y Ancianos

1- El gobierno del Apóstol

Participantes en y antes del cierre del Canon

...edificados sobre el fundamento de los apóstoles y profetas, siendo la principal piedra del ángulo Jesucristo mismo... Efesios 2:20

...misterio que en otras generaciones no se dio a conocer a los hijos de los hombres, como ahora es revelado a sus santos apóstoles y profetas por el Espíritu... Efesios 3:5

2- Enviados o Misioneros

El término apóstol proviene del griego de la palabra que significa *enviado.*

Pablo envió a Timoteo. Es un enviado, pero no establece doctrina, más bien repite y recuerda lo que Pablo le ha enseñado.

Por esto mismo os he enviado a Timoteo,
que es mi hijo amado y fiel en el Señor, el
cual os recordará mi proceder en Cristo,
de la manera que enseño en todas partes
y en todas las iglesias. 1 Corintios 4:17

En la nueva economía nuevotestamentaria, es necesario entender que el oficio del apóstol (enviado) ha tenido gran importancia en el establecimiento de gobiernos en lo que tiene que ver con las congregaciones especialmente tomando en cuenta el ministerio de Pablo.

Sin embargo es saludable notar dos cosas:

Jamás Pablo sometió a las iglesias gentiles bajo un gobierno unificado o centralizado bajo su autoriadad.

Aunque Pablo sugirió parámetros saludables, nunca lo hizo en una manera autoritaria. Especialmente en áreas relacionadas a finanzas donde dijo sea este un acto de *"generosidad y no como de exigencia".*

Por tanto, tuve por necesario exhortar a los
hermanos que fuesen primero a vosotros y
preparasen primero vuestra generosidad
antes prometida, para que esté lista como
de generosidad, y no como de exigencia
nuestra. 2 Corintios 9:5

Pablo a pesar de haber sido el fundador de muchas de estas iglesias, siempre respetó la autonomía de cada congregación.

Esto elimina el autodenominada autoridad de los muchos que se enseñorean de congregaciones y las someten aún con cuotas u obligaciones financieras lo cual se convierte en cargas pesadas impuestas con manipulación.

3- La Crisis de la Jerarquías

La atribución casual del título *apóstol* en latinoamérica ha causado graves problemas que han manchado a los oficios de ministerio.

> *Porque éstos son falsos apóstoles, obreros fraudulentos, que se disfrazan como apóstoles de Cristo. 2 Corintios 11:13*

Razones cuestionadas

- Envidias

- Contiendas

- Ganancias deshonestas

- Manipulación y sometimiento

- Poder y engrandecimiento

Veamos algúnos textos que señalan estos comportamientos y nos advierten a que estemos alertas en cuanto a personajes que se puedan levantar con estas características.

> *Algunos, a la verdad, predican a Cristo por envidia y contienda; pero otros de buena voluntad. Filipenses 1:15*

> *Porque es necesario que el obispo sea irreprensible, como administrador de Dios; no soberbio, no iracundo, no dado*

al vino, no pendenciero, no codicioso de ganancias deshonestas... Tito 1:7

Pues toleráis si alguno os esclaviza, si alguno os devora, si alguno toma lo vuestro, si alguno se enaltece, si alguno os da de bofetadas. 2 Corintios 11:20

Porque yo sé que después de mi partida entrarán en medio de vosotros lobos rapaces, que no perdonarán al rebaño. Hechos 20:29

y por avaricia harán mercadería de vosotros con palabras fingidas. Sobre los tales ya de largo tiempo la condenación no se tarda, y su perdición no se duerme. 2 Pedro 2:3

Las ventajas del gobierno de los ancianos

El Nuevo Testamento, menciona varias veces a ancianos que asumían el papel de liderazgo en la iglesia (Hechos 14:23; 15:2; 20:17; Tito 1:5; Santiago 5:14) y aparentemente cada iglesia tenía más de uno, porque generalmente la palabra se encuentra en plural.

Cuando el gobierno es repartido entre varios, también se reparten las responsabilidades, las pruebas, y las persecuciones.

Es mejor ser perseguido en grupo que ser perseguido solo.

Hay más protección cuando se trabaja en equipo que cuando toda la responsabilidad está sobre una sola persona.

El Dr. Zodhiates, en su "Diccionario Completo del Estudio de la Palabra: Nuevo Testamento" (The Complete Word Study Dictionary: New Testament) define a este grupo de ancianos como sigue: *"Los ancianos de las iglesias cristianas, presbíteros, a quienes estaba encomendada la dirección y gobierno de las iglesias individuales, igual que episkopos, supervisores, obispos (Hechos 11:30; 1 Timoteo 5:17)".*

De esta manera, Zodhiates iguala a un "anciano" con un supervisor u obispo (como se traduce episkopos).

Importante: Sí. Debe haber una cabeza, un líder que establece la visión y rumbo de una organización, pero este o esta debe estar rodeado de sabios.

> *Donde no hay dirección sabia, caerá el pueblo; Mas en la multitud de consejeros hay seguridad. Proverbios 11:14*

> *Los pensamientos son frustrados donde no hay consejo; Mas en la multitud de consejeros se afirman. Proverbios 15:22*

> *Porque con ingenio harás la guerra, Y en la multitud de consejeros está la victoria. Proverbios 24:6*

Tres promesas de trabajar en equipo: Seguridad, firmeza y victoria.

Protegiendo al que gobierna

Naamán, general del ejército del rey de Siria, era varón grande delante de su señor, y lo tenía en alta estima, porque por medio de él había dado Jehová salvación a Siria. Era este hombre valeroso en extremo, pero leproso. Y de Siria habían salido bandas armadas, y habían llevado cautiva de la tierra de Israel a una muchacha, la cual servía a la mujer de Naamán. Esta dijo a su señora: Si rogase mi señor al profeta que está en Samaria, él lo sanaría de su lepra. 2 Reyes 5:1-3

Lecciones:

1. Los generales cargan a veces heridas debajo de la armadura (debilidades, cosas que no han sanado, imperfecciones).

2. Quién está cerca de ti, puede ver lo que está debajo de tu armadura.

3. Un buen ayudante busca sanidad para tu herida.

4. Un mal ayudante publicará tus defectos a otros.

Para proteger a quienes están en autoridad, debemos comenzar por ponerles buenos ayudantes.

5

LIDERAZGO PRODUCTIVO

Las herramientas y estrategias espirituales que nos impulsarán a gobernar y ser productores de la cosecha más grande de la historia

La Cosecha más Grande de la Historia

Y será predicado este evangelio del reino en todo el mundo, para testimonio a todas las naciones; y entonces vendrá el fin.
Mateo 24:14

Antes de llegar al fin, la Biblia promete gran cosecha (cantidad sin precedentes) de almas viniendo al conocimiento del evangelio.

Será predicado este evangelio del reino en todo el mundo, para testimonio a todas las naciones; y entonces vendrá el fin.

Los preteristas dirán que ya el evangelio fue predicado a todas las naciones usando el texto del mismo Pablo.

> *...con potencia de señales y prodigios, en el poder del Espíritu de Dios; de manera que desde Jerusalén, y por los alrededores hasta Ilírico, todo lo he llenado del evangelio de Cristo. Romanos 15:19*

Y sí. Pablo llenó el mundo conquistado por el imperio romano con el *Evangelio de Cristo* y Cristo *"pudo"* haber regresado por segunda vez inmediatamente después que Pablo llenó el mundo con el evangelio (algunos podrían argumentar). Yo mismo he meditado mucho sobre ese texto en años pasados, sin embargo note estos dos razonamientos:

1- Cristo no vino (por segunda vez) en ese entonces, y después de ese tiempo la población mundial explotó en crecimiento

Según fueron naciendo más personas, más tenían necesidad de oír el Evangelio. Si usted revisa la presente población mundial, hoy en día existen lugares (pueblos, aldeas) donde el Evangelio no ha llegado por primera vez. Inclusive, yo he encontrado personas dentro de ciudades grandes que nunca habían oído el Evangelio por primera vez (y existen cápsulas dentro de países desarrollados donde la subcultura es tan fuerte y aislada que muchos todavía no han escuchado el Evangelio). Quizá sí han oído religión, pero no el Evangelio.

2- Pablo nunca llegó a España

> *...cuando vaya a España, iré a vosotros; porque espero veros al pasar, y ser encaminado allá por vosotros, una*

vez que haya gozado con vosotros.
Romanos 15:24

Así que, cuando haya concluido esto, y les haya entregado este fruto, pasaré entre vosotros rumbo a España. Romanos 15:28

Pablo tuvo el deseo de ir a España, pero no hay récords de que jamás haya llegado.

Sabemos que España tuvo mucha religión. De hecho, fueron los reyes católicos los que financiaron el descubrimiento y conquista del nuevo mundo (nosotros), pero religión y Evangelio no es lo mismo.

Nuestros pueblos heredaron idolatría, superstición, y tradiciones religiosas junto a mucho engaño y explotación en el nombre de Dios... pero no fue hasta siglos recientes que misioneros comenzaron a llegar a las Américas.

Tiempo de Latinoamérica

Ahora es el tiempo de Latinoamérica. Hemos sido los últimos en llegar, pero hoy todo está cambiando, y en esta hora es Latinoamérica la potencia conjunta donde Dios se está moviendo y somos los latinos los que estamos experimentando el más grande crecimiento en palabra en el mundo entero.

La explosión de crecimiento y la manera en que los gobiernos en Latinoamérica se han abierto a la predicación del evangelio en sus ciudades y provincias es un fenómeno sin precedentes. Y no solo eso. La balanza de poder (aun en los mercados financieros) se ha inclinado a favor del sur (más sobre esto en nuestro libro *El Fin: Estado Profético de las Naciones*).

Nosotros en el ministerio hemos comenzado a experimentar esto que Dios está haciendo y sabemos que esto es parte de la gran cosecha que viene antes del fin de los tiempos.

La pregunta es... ¿Cómo podemos ser productores de frutos en el desarrollo de esta gran cosecha?

Comencemos por los modelos

Diseñando los modelos que aceleran la cosecha Global

Cuando (por la gracia de Dios) cumplimos veinte y cinco años en el ministerio, comencé a darme cuenta que los métodos que por años habíamos usado en el evangelismo ya no eran tan efectivos como al principio.

Nuevos Modelos

Nuestro formato tradicional de cruzadas había ya caducado. El mundo había girado y todos se habían dado cuenta menos yo "el evangelista". La manera en que hacíamos las cosas en los años ochenta y a principios de los noventa había dejado de ser funcional.

En dos décadas una nueva generación había crecido virtualmente delante de nuestros ojos. La cultura había desarrollado nuevas formas de comunicación y las nuevas tecnologías estaban dictando la manera en que los seres humanos expresan sus necesidades y prioridades.

Como ministerio, debíamos actualizarnos, o quedaríamos

obsoletamente fuera del panorama, frustrados por la inhabilidad de poder alcanzar almas para Cristo.

Un principio ha siempre permanecido bien claro en mi mente: *"El Evangelio es y ha sido el mismo durante los últimos dos mil años, sin embargo, las formas de presentarlo deben ser relevantes a cada generación"*.

Comencé a ver como la juventud universitaria en Latinoamérica responde a diferentes formas de expresiones culturales, y cómo el arte ha sido abrazado por esta nueva generación de habla hispana.

Tiempo de colgar las corbatas

Yo vengo de una escuela muy conservativa.

En mis días de líder juvenil y primeros años de evangelista itinerante, era casi un sacrilegio predicar sin corbata. Recuerdo una ocasión en la que no me permitieron subirme al púlpito por no traer la corbata correctamente.

Por años siempre me regalaron corbatas donde quiera que iba y mi colección creció. Creo que la última vez que conté, había fácilmente más de cien corbatas en mi closet.

Quizá esto no sea muy importante, pero muy significativo. Yo todavía uso corbatas si la ocasión lo requiere.

Sin embargo es muy representativo de la generación a quienes predicamos, que la manera de vestir no es ya tan importante.

Esta generación está más preocupada por lidiar con líderes auténticos, genuinos, con legitimidad en palabras y sentimientos.

Traigas un sombrero o una gorra en la cabeza... eso no es importante. Lo importante es lo real que un ministro sea conforme al mensaje que este diga anunciar.

Cambiando

Nuestros modelos de evangelismo comenzaron a cambiar, y esto ha sido un proceso bien fluido.

No nos sentamos y dijimos: *"Ahora vamos a hacerlo así".*

Más bien ha sido una transición casi inconsciente.

Nos hemos dejado guiar por el Espíritu de Dios, y hemos visto que el modelo de evangelismo se ha ido adaptando a la necesidad de cada nación y cultura. Arte y cultura ahora forman parte activa de nuestros eventos.

Veamos este principio de adaptación en las palabras de Pablo.

> *Por lo cual, siendo libre de todos, me he hecho siervo de todos para ganar a mayor número.*
>
> *Me he hecho a los judíos como judío, para ganar a los judíos; a los que están sujetos a la ley (aunque yo no esté sujeto a la ley) como sujeto a la ley, para ganar a los que están sujetos a la ley; a los que están sin ley, como si yo estuviera sin ley (no estando yo sin ley de Dios, sino bajo la ley de Cristo), para ganar a los que están sin ley.*

*Me he hecho débil a los débiles, para
ganar a los débiles; a todos me he hecho
de todo, para que de todos modos salve a
algunos.* 1 Corintios 9:19-22

El mensaje ha permanecido igual por dos mil años, pero los métodos y modelos que usamos para comunicar las buenas noticias debe adaptarse de una manera relevante a cada generación y grupo étnico.

La mente orientada a frutos

Los frutos son importantes. Es importante que cuando comencemos un proyecto nuestra mente esté enfocada en qué es lo que se quiere lograr como resultado de todo el esfuerzo que se invertirá en el mismo.

Tener el fin en mente, no con el objetivo de estar presionados y perdamos la oportunidad de disfrutar el proceso —de cierto, es muy fácil que se pierda el gozo del proceso de un proyecto por la presión de llegar a las metas que nos imponemos. Sin embargo, es importante que en todo proyecto tengamos presente cuál es el fruto que perseguimos lograr.

La mente de Dios está orientada a frutos

Sí. Así es. Dios es el creador del concepto de productividad.

Leámos detenidamente la parábola de los talentos.

*Porque el reino de los cielos es como un
hombre que yéndose lejos, llamó a sus
siervos y les entregó sus bienes. A uno dio*

cinco talentos, y a otro dos, y a otro uno, a cada uno conforme a su capacidad; y luego se fue lejos. Y el que había recibido cinco talentos fue y negoció con ellos, y ganó otros cinco talentos.

Asimismo el que había recibido dos, ganó también otros dos. Pero el que había recibido uno fue y cavó en la tierra, y escondió el dinero de su señor.

Después de mucho tiempo vino el señor de aquellos siervos, y arregló cuentas con ellos.

Y llegando el que había recibido cinco talentos, trajo otros cinco talentos, diciendo: Señor, cinco talentos me entregaste; aquí tienes, he ganado otros cinco talentos sobre ellos.

Y su señor le dijo: Bien, buen siervo y fiel; sobre poco has sido fiel, sobre mucho te pondré; entra en el gozo de tu señor.

Llegando también el que había recibido dos talentos, dijo: Señor, dos talentos me entregaste; aquí tienes, he ganado otros dos talentos sobre ellos.

Su señor le dijo: Bien, buen siervo y fiel; sobre poco has sido fiel, sobre mucho te pondré; entra en el gozo de tu señor.

Pero llegando también el que había recibido un talento, dijo: Señor, te conocía que eres hombre duro, que siegas donde no sembraste y recoges donde no esparciste; por lo cual tuve miedo, y fui y escondí tu talento en la tierra; aquí tienes lo que es tuyo.

Respondiendo su señor, le dijo: Siervo malo y negligente, sabías que siego donde no sembré, y que recojo donde no esparcí. Por tanto, debías haber dado mi dinero a los banqueros, y al venir yo, hubiera recibido lo que es mío con los intereses.

Quitadle, pues, el talento, y dadlo al que tiene diez talentos.

Porque al que tiene, le será dado, y tendrá más; y al que no tiene, aun lo que tiene le será quitado. Mateo 25:14-29

Parecería injusto que se le dé al que tiene más. Con la modernas tendencias socialistas que vivimos en nuestro continente cualquiera podría protestar y decir: —Es más justo dar al que no tiene.

Y sí. Dar al que no tiene es un acto noble.

Dar a los pobres es una bendición, nosotros en la asociación nos esforzamos por mantener programas humanitarios que beneficien directamente a los pobres. Pero dar a los pobres y ocuparnos de los necesitados pertenece al área de altruismo no al área de inversión y productividad.

Altruismo e inversión productiva son dos cosas diferentes.

En actividades humanitarias o altruistas quienes están envueltos dan para beneficiar a quien tiene menos.

En actividades empresariales, el éxito de la actividad se mide por los frutos logrados.

En la parábola de los talentos, Jesús está enseñando principios de productividad y multiplicación.

Note el final:

> *Porque al que tiene, le será dado, y tendrá más; y al que no tiene, aun lo que tiene le será quitado. Mateo 25:29*

En otras palabras... el que fue diligente e hizo algo con lo que puse en sus manos, merece tener mayor recompensa*.

Hoy en día podríamos llamarle principios de libre empresa, o mercados libres.

Recompensa al que produce

Cuando desarrollamos proyectos con mente empresarial, debemos tener siempre en mente los frutos.

> *Los pensamientos del diligente ciertamente tienden a la abundancia... Proverbios 21:5*

Estaré ampliando sobre este principio expuesto el la parábola de los talentos en Liderazgo y Capital Influyente dónde tocaremos a más profundidad lo que yo llamo concepto de Recompensa al Incremento.

Principios de productividad

Si todos corren, nadie corre

> *Otro de sus discípulos le dijo: Señor, permíteme que vaya primero y entierre a mi padre. Jesús le dijo: Sígueme; deja que los muertos entierren a sus muertos.*
> *Mateo 8:21,22*

Para ser útiles y efectivos en el reino, debemos ser líderes con prioridades claras.

No puedes delegar autoridad a alguien que no ha definido bien sus prioridades.

Tenemos la poderosa frase: *"Cuando caminas todos caminan contigo, cuando corres algunos corren contigo, pero cuando vuelas, vuelas solo"* (éste último está reservado para las águilas que alcanzan grandes alturas).

Principio: En el liderazgo, la definición de prioridades determina quienes correrán contigo.

• Un líder productivo discierne lo que es importante

• Si todo es importante, nada es importante

Principio: El arte de *"quitar"* aquello que no funciona es una cualidad indispensable de líder.

> *...todo árbol que no da buen fruto es cortado y echado en el fuego. Mateo 3:10*

Un líder productivo aprovecha bien el tiempo

Todos daremos cuenta en cuanto a lo que hicimos con nuestro tiempo.

> *Porque es necesario que todos nosotros comparezcamos ante el tribunal de Cristo, para que cada uno reciba según lo que haya hecho mientras estaba en el cuerpo... 2 Cor 5:10*

La palabra *"mientras"* indica *"tiempo"*.

> *...aprovechando bien el tiempo, porque los días son malos. Ef 5:16*

Para usar sabiamente nuestro tiempo debemos aprender a separar las cosas que son importantes de las que no lo son.

Un líder productivo delega lo importante

Principio: Si crees que todo es importante, jamás podrás completar nada.

Haz tu lista, completa lo que es más importante.

Cuando preparas tu día, pon todo en una lista (to-do list), luego marca las prioridades entre las cosas que son importantes. Completa lo más importante de lo importante, el resto delégalo.

Por qué delegar lo que es importante

Quizá has oído decir: *"Haz lo importante y delega el resto"*. Ésto es un concepto erróneo.

Si delegas las cosas que no son importantes, mantendrás atada la inteligencia de quienes te ayudan en cosas que al final no producirán fruto.

Además de que esto es una falta de respeto a aquellos que tienen grandes habilidades, estarás perdiendo precioso recurso humano.

Entonces, no separes el orden de cosas a delegar basándolo en lo que es o no es importante.

Delega conforme a talentos

Como dije anteriormente. Delega conforme a talentos. Deja que tu equipo maneje cosas importantes, pero delega todo conforme al talento natural.

6

LIDERAZGO Y CAPITAL INFLUYENTE
Estrategias para incrementar nuestro poder adquisitivo

El dinero sirve para todo

Por el placer se hace el banquete, y el vino alegra a los vivos; y el dinero sirve para todo. Eclesiastés 10:19

Para poder realizar proyectos, aún aquellas iniciativas altruistas que forman parte de tu ministerio, fundación o alcance para ayudar a otros, necesitas capital.

Con los recursos necesarios en la mano es posible desarrollar sueños y traer esa visión que Dios ha puesto en tu corazón a la realidad.

El capital no solo te permite cubrir los gastos de dichos proyectos, también te abre puertas y te da opciones.

La dádiva del hombre le ensancha el

camino y le lleva delante de los grandes.
Proverbios 18:16

La dádiva que menciona el proverbio anterior puede tener un doble significado. Puede ser el don que está dentro de tí (y ese es un recurso), pero también puede significar el don (o regalo) que traes en tu mano.

Entonces es importante que podamos crear los sistemas y formas que nos permitan incrementar el capital operativo que tenemos en la mano de manera que podamos ensanchar el camino.

Cuando no te aman a tí, pero aman tu capital

Quizá sea un poco triste que en ocasiones te inviten a una ciudad no porque te aman o estén impactados por tu predicación, sino más bien porque tu tienes algo a la mano que les puede beneficiar. En otras palabras, que te inviten por puro interés.

Tu pudieras tomar esa acción personalmente, entristecerte, y aun no aceptar la invitación, o pudieras aceptar la realidad de que este mundo gira por interés.

Las riquezas traen muchos amigos...
Proverbios 19:4

...muchos son los que aman al rico.
Proverbios 14:20

Debemos ser maduros y no tomar las cosas personalmente, y más bien pensar en el bien que puedes realizar.

Entonces sea que te inviten porque te aman, o te inviten por interés de lo que tienes a la mano, al final del día lo importante que tienes delante de tus ojos una oportunidad, y tomarlo pudiera bendecir y mejorar la vida de otros, especialmente si se trata de ir y entregarles el mensaje de vida eterna en Cristo.

Conceptos que producen capital influyente

Concepto # 1 Recompensa al Incremento

Para explicar este primer principio le voy a describir un ejercicio que realicé.

Les pedí a cinco hombres que sacaran lo que tenían en la bolsa y lo dieran. Uno dió $44.00 dólares y otro no dió nada.

La pregunta es, después que recogimos todo, ¿a cuál de los cinco se lo damos? ¿Por qué estamos de acuerdo en dárselo al que más dió, si supuestamente es el que menos necesidad tiene?

El sistema económico de Dios es un sistema que bendice al que produce.

Cristo mismo dijo: *"al que tiene le será dado"...* en otras palabras *"para recibir, debes producir"*.

"El sistema financiero de Dios es un sistema que bendice al que produce" y yo sé que esto va ir en contra de lo que nos han enseñado y por eso es necesario renovemos nuestra mente en esto.

Mateo 25:29 dice, (Cristo hablando):

> *Porque al que tiene, le será dado, y tendrá*
> *más; y al que no tiene, aun lo que tiene le*
> *será quitado.*

Vea el mismo texto en la nueva versión original:

> *... y tendrá en abundancia, al que no tiene*
> *se le quitará hasta lo que tiene...*

Voy a la Biblia en castellano, en este caso...

> *...porque el que tiene recibirá más y tendrá*
> *más abundancia pero el que no tiene aun*
> *lo poco que tiene se le quitará...*

Lo poco que tiene se le quitará. En lenguaje sencillo dice la Biblia:

> *... porque al que tiene mucho se le dará*
> *más y le sobrará pero al que no tiene*
> *nada hasta lo poco que tiene se le quitará.*

Ahora, entiendo que en la interpretación de este texto el Señor se estaba refiriendo a la nación de Israel. A la nación de Israel se les iba a quitar de sus manos su propia tierra, porque ellos la habían descuidado. Inclusive le negaron la vida al dador de la vida y Dios vino y les quitó todo y perdieron todo.

La tierra que Dios le había prometido a Abraham, la perdieron en esa misma manera.

Pero el Señor, fíjate lo que Él escoge para profetizar acerca de lo que va a acontecer a la nación de Israel. Él escoge un *"principio económico"*.

Economías

Este principio es basado en gran parte en una libertad esencial que Dios ha entregado al ser humano. Esta libertad nos permite decidir qué hacemos con nuestro capital. Dios nos ha dado libertad empresarial, o sea, somos libres para invertir, multiplicar, y aun perder nuestro capital.

Cristo estableció varios principios económicos en su ministerio terrenal y para explicar bien esto vamos a establecer definiciones de estos términos.

Un sistema que es justo porque Dios es justo

¿Crees que hay injusticia en ésto? ¡Nó, no hay injusticia! Hay justicia. ¿Por qué?

Porque Dios que es justo recompensa al que produce, al que multiplica, al que se esfuerza, al que avanza en las cosas, porque esa persona tiene determinación, tiene responsabilidad y tiene interés. Lo contrario del que dice: *"a mí que me pongan la comida en la boca, yo no quiero hacer nada"*.

¿Sabe lo que dice Dios? Pues te quito lo poco que tienes, para que entonces ya no tengas nada.

Bajo una filosofía de dependencia, hay madres que siguen dando a luz cada año. Estas sacan la cuenta y dicen: *"…si me dan un cheque al mes por cada niño y luego comida, mejor sigo teniendo hijos"*.

Como escribí antes. No estoy interesado en el aspecto político (o más específicamente, no quiero ser partidista) aunque es inevitable que al hablar aun generalizadamente, la política se entrelaza. Por lo menos no seré partidista y trataré de mantener mi postura en el reino de las ideas.

Sé que es común dentro de nuestras iglesias hispanas, gente recibiendo cheques de asistencia pública, aun cuando es evidente que hay salud y fuerzas para trabajar.

Hay gente que finge aun discapacidades para robarle algo al seguro cosa que entre cristianos no debe de existir.

Pero aparte de la mentira si estos ciudadanos supieran que lo único que están haciendo es cavando su propio hoyo financiero se retirarían de ahí, así es, se retirarían de ahí y pasarían de recibidor a dador, del que siempre está siendo ayudado al que puede ayudar a otros.

Porque en realidad la promesa que abarca el ser hijos de Abraham es que no solamente estaríamos bendecidos, sino que seríamos de bendición.

Es decir, pasar de recibidor a dador, del que siempre está siendo ayudado al que puede ayudar a otros.

Dios le dijo a Abraham:

> *...te bendeciré, te engrandeceré y serás de bendición.*

¿Y cuántos han sido engrandecidos?

Les escribo de lo que es estar engrandecidos porque para tu poder ser de bendición a alguien primero tienes que estar bendecido.

Tu puedes decir: *"Oh pero yo fui bendecido con toda bendición espiritual en los lugares celestiales en Cristo Jesús, Amén".*

Que bien, y eso es una posición tremenda pero el hijo aunque es señor de todo mientras que es niño (capítulo 4 de Gálatas) en nada difiere del esclavo.

Eres señor de todo, eres heredero de todo, eres hijo del dueño de toda la plata y del oro, sin embargo estas caminando como un esclavo.

¿Por qué razón? Porque tenías que crecer. Dejar de ser niño.

"Te engrandeceré" le dijo Dios a Abraham y luego le dijo *"serás de bendición"* y ese es el propósito de las finanzas.

Ese es el propósito de la abundancia en tu vida. Que seas de bendición a alguien.

No es para llenarte, no es para que digas *"hay quiero ocho casas, ocho carros, o tengo tres yates y cuatro aviones"*, no, no, no. No es para eso.

Al que más desprendido esté ni le preocupa cuantos aviones tiene, esto no se trata de quien tiene más juguetes.

Esto se trata de quien quiere ser de más bendición a otra gente y para tu ser de bendición tú tienes que tener con qué ser de bendición, si no tienes con qué ser de bendición, entonces es más difícil.

La Biblia nos manda a cuidar de los pobres y dice *"que el que le da al pobre es como el que le presta al Señor".*

A Jehová presta el que da al pobre, Y el

bien que ha hecho, se lo volverá a pagar.
Proverbios 19:17

Además dice que cuidemos a las viudas, y a los huérfanos.

Si algún creyente o alguna creyente
tiene viudas, que las mantenga, y no sea
gravada la iglesia, a fin de que haya lo
suficiente para las que en verdad son
viudas. 1 Timoteo 5:16

La religión pura y sin mácula delante
de Dios el Padre es esta: Visitar a
los huérfanos y a las viudas en sus
tribulaciones, y guardarse sin mancha del
mundo. Santiago 1:27

Escúcheme bien, hay que tener compasión y hay que ayudar al necesitado pero tú no ayudas a un necesitado haciéndolo dependiente, la manera en que tu lo ayudas es asistiendolo en salir de la necesidad y si yo puedo cambiar tu entendimiento yo te puedo ayudar más aun.

Si tú tienes un problema grave ahora y yo te digo ¿qué es lo que necesitas? ¿$5.00 dólares? yo te doy los $5.00 dólares y con eso no te saco del problema, pero si yo te enseño como crear por tí mismo el capital que necesitas, entonces tú vas a salir del problema... ya no habrá más problema.

Es por eso que cada vez que yo veo a un zángano pidiendo limosna en una esquina con una espalda grande y dos manos y dos pies... porque así es, a algunos yo los he visto en la carretera pidiendo dinero, jóvenes fuertes y me dicen: *"necesito para comer"*, ¿para comer? Ven te voy a conseguir trabajo.

Entonces ponen excusa... pero la verdad es que no quieren trabajar y Pablo dijo: *"que el que no trabaja que no coma"* ¿Es injusto eso? No. Eso solamente es justo.

El sistema financiero de Dios es un sistema que premia al diligente

¿Por qué el sistema de Dios es basado en el principio de productividad? Porque los incentivos y los premios son para el que produce, *"el reino es quitado y dado a gente que produce, y el labrador no participa de los frutos si no trabaja primero"*.

Ahora vea bien, el que da más en el caso del reino, recibe más del reino.

¿No ha visto a las iglesias tradicionales que cuando van a orar por la ofrenda, oran por ella como si estuviera enferma, en vez de darle gracias a Dios por la habilidad de sembrar?

Vienen y dicen: *"Señor bendice al que da como al que no da"* y si yo soy un poquito listo y oigo esa oración yo digo ¡Pues mejor no doy, si al cabo es lo mismo!

No es así, eso no es lo que dice la Biblia.

Pablo dice:

> *...El que siembra escasamente, también segará escasamente; y el que siembra generosamente, generosamente también segará. 2 Corintios 9:6*

Nuestra mentalidad

Esto nos ha afectado de tal manera que nuestra mentalidad

está acomodada a necesidad solamente.

¿Cuándo es la gente más motivada a sembrar? Cuando puede responder a una necesidad.

Tú has oído a ministerios radiales o de televisión decir: *"Hermano vamos a salir del aire si no mandan dinero"*. Ahí va la necesidad.

"Vamos a quebrar". Ahí va la necesidad.

La gente responde a necesidad y no hay nada de malo en eso.

Está bien que tú veas una necesidad y la cuides, eso es bueno.

Pero si tú ves a alguien que Dios ha prosperado y está bendecido y que está fluyendo en abundancia, ¿Tú le das? (vamos a ser honestos). Más bien dirías: *"no, él puede arreglárselas por su cuenta"*, *"él tiene su negocio"*.

Entonces damos si vemos una necesidad, ¿cierto?

Si aplicamos este mismo principio en el mundo de los negocios, quiere decir que cuando vas a invertir dinero en una empresa, buscarás una empresa que tiene necesidad para invertir en ella, ¿cierto o no?

Por el contrario, buscarás una empresa próspera que tiene la habilidad de multiplicar tu inversión. O sea, no eres motivado(a) por compasión sino más bien buscarás cual es la buena tierra para sembrar.

Las finanzas en el reino de los negocios se mueven paralelamente a las finanzas en el reino de Dios.

Yo quiero buscar a alguien que está avanzando para invertir ahí, porque si yo voy a invertir en una compañía yo voy a invertir en una compañía que esté funcionando.

Tú no vas a invertir en algo que va a quebrar. Tú inviertes en una compañía con años de respaldo, sólida. Mira todos los años que han sobrevivido a todas las crisis y no son acelerados para crecer, tienen un crecimiento lento pero fuerte, lento pero seguro y tú dices ¡Ah esa me gusta! ¡Como que es buena tierra!

Así debemos invertir en el reino. No motivados por necesidad, sino por fe.

> *Cada uno dé como propuso en su corazón:*
> *no con tristeza, ni por necesidad, porque*
> *Dios ama al dador alegre. 2 Corintios 9:7*

Esto no quiere decir que no demos a los pobres, o que seamos ciegos a la necesidad. Debemos ocuparnos de los pobres. La Biblia dice que *"a Jehová presta el que da al pobre"*.

Entonces ¿Cuál es la diferencia?

Para comenzar. Mirándolo desde el punto de vista de inversión. El pobre nunca podrá ser recíproco, porque no tiene con qué, pero Dios que es el dueño de toda la plata y todo el oro, te está diciendo que él personalmente sale por fiador del pobre. Esto es buena inversión pues al darle al pobre estás invirtiendo en la empresa más rica de todas.

La otra cosa es la motivación del corazón.

Pablo dice que *"necesidad"* no sea la motivación[3]. Debemos dar en fe, y por supuesto con compasión a las necesidades pero motivados por fe.

Hay ministerios que continuamente piden para sobrevivir, siempre al punto de la exterminación.

Usted les dará (motivado por su necesidad), y ellos cubrirán su renta y saldrán de apuros... sobrevivirán.

Hay otros ministerios que ya tienen sus obligaciones cubiertas (no tienen necesidad) sin embargo todo lo que les entra lo invierten en misiones, proyectos evangelísticos, etc... Al dar a estos ministerios, usted NO es motivado por "necesidad" pues sus necesidades están cubiertas, sin embargo usted sabe que son buena tierra y estos recursos en sus manos producen mucho más para el reino.

Entonces... ¿Entendemos un poco más las palabras de Jesús cuando dijo: *"al que tiene, le será dado, y tendrá más; y al que no tiene, aun lo que tiene le será quitado[4]"*?

Voy a dar cuatro ejemplos de recompensa al que tiene, o lo que yo llamo *"recompensa al incremento"*.

1- Mil Holocaustos

> *Pero David había traído el arca de Dios de Quiriat-jearim al lugar que él le había preparado; porque él le había preparado; porque él le había levantado una en Jerusalén. Asimismo el altar de bronce que había hecho Bezaleel hijo de Uri, hijo de Hur, estaba allí delante del tabernáculo de Jehová, al cual fue a consultar Salomón con aquella asamblea.*

> *Subió, pues, Salomón allá delante de Jehová, al altar de bronce que estaba en el tabernáculo de reunión, y ofreció sobre él mil holocaustos. 2 Crónicas 1:4-6*

No hay registro de que alguien lo haya hecho antes que él, esto es sumamente exagerado.

La gente subía al altar y ponía un animal sobre el altar... uno. Ahora ¿Se imagina mil?

Exagerado, pero bien hecho.

Mil holocaustos ofrecieron.

> *(Verso 7) Y aquella noche apareció Dios a Salomón y le dijo: Pídeme lo que quieras que yo te dé.*

¿Estaba comprando Salomón a Dios? No.

Lo único que estaba haciendo es estableciendo quién es.

Con esta agresividad, ganó la atención de Dios.

¿Qué estaría haciendo Dios que dejó lo que estaba haciendo?

Es decir, Dios siempre está haciendo algo. La Biblia dice que *"sus ojos están siempre mirando la tierra buscando a alguien[5]".*

Me imagino a Dios diciendo: ¡Espérate ahora vengo!, dejó lo que estaba haciendo y se le apareció a Salomón, no al día segundo, no al día tercero, sino esa misma noche y le dijo: Pídeme lo que quieras. ¿Y tú sabes por qué?

Porque alguien que está dispuesto a desprenderse de todo,

es alguien que Dios puede usar, porque Dios sabía que si le ponía ahora diez mil, o veinte mil holocaustos a Salomón en la mano, Salomón los iba a quemar. No se iba a quedar con ellos.

¡El corazón de Salomón estaba en el lugar correcto!

El que no es sembrador se afecta con esto, se confunde, (en serio), hay gente que se confunde. Es más, es menester que se confundan. Algunas de las parábolas que habló Jesús eran aclararles algo a unos y a otros dejarlos más oscuros de lo que estaban. "Para que oyendo no oigan, viendo no vean, queriendo entender no entiendan[6]".

2- La Reina de Sabá

> Oyendo la reina de Sabá la fama de Salomón, vino a Jerusalén con un séquito muy grande, con camellos cargados de especias aromáticas, oro en abundancia, y piedras preciosas, para probar a Salomón con preguntas difíciles. Y luego que vino a Salomón habló con él todo lo que en su corazón tenía... 2 Crónicas 9:1

Es buena la fama (este tipo de fama), por ahí dicen que la fama es mala, dice la Biblia *"que el buen nombre es mejor que las muchas riquezas[7]"*.

¿Sabe lo que es un séquito? Es una caravana de gente.

Si tu vas a ir delante del rey, primero, no puedes ir con las manos vacías, de hecho todavía es protocolo entre naciones. Los dignatarios cuando se juntan unos con otros van con un presente, un regalo de parte de un estado a otro estado. Nadie se puede presentar delante del rey con las manos vacías.

La ley de Moisés te dice que nadie se presentará delante del Señor con las manos vacías[8].

La ley establecía que si tú venías delante de Dios tenías que venir con algo en la mano.

Porque cada vez que alguien fue con una necesidad a un profeta en lo que yo he leído, esos profetas lo primero que hicieron fue preguntarles ¿qué era lo que tenían en la mano?

"¿Qué tienes en casa?" Así fue con Eliseo la viuda de Sarepta (2 Reyes 4:1-7).

La reina de Sabá era una mujer sabia, ésta era tan sabia que tomó a un séquito de gente y les dijo vamos con Salomón porque voy a hacerle preguntas, voy a probar su sabiduría.

Dice que vino con un séquito muy grande con camellos cargados de especias aromáticas, oro en abundancia y piedras preciosas para probar a Salomón con preguntas difíciles como dice exactamente en 2 de Crónicas 9:1 y 2.

Luego dice la palabra: *"y nada hubo que Salomón no le contestase"*. Ahí está el favor.

La Biblia dice que la dádiva abre puertas y te lleva delante de los grandes[9].

Esa reina profetizando ya estaba, y cosechó enseguida.

3- Las riquezas de Zaqueo

> *Habiendo entrado Jesús en Jericó, iba*
> *pasando por la ciudad. Y sucedió que un*

varón llamado Zaqueo, que era jefe de los publicanos, y rico, procuraba ver a Jesús; pero no podía a causa de la multitud, pues era pequeño de estatura. Y corriendo delante, subió a un árbol sicómoro para verle; porque había de pasar por allí. Cuando Jesús llegó a aquel lugar, mirando hacia arriba, le vio, y le dijo: Zaqueo, date prisa, desciende, porque hoy es necesario que pose yo en tu casa. Lucas 19:1-5

Ahora, Zaqueo ya era rico, ya tenía dinero, él era jefe de los publicanos.

Una pregunta… ¿Y si Zaqueo no hubiera tenido una recámara extra para que el Señor se quedase ahí? porque iba a posar con él y posar es quedarse la noche o que le hubiera dicho Zaqueo, ¡Espérame Señor porque yo solamente tengo una recámara y ahí duermo yo!

Vemos en Zaqueo la gracia de Dios en operación y algo más… vemos donde está el corazón de Zaqueo.

Entonces él descendió aprisa, y le recibió gozoso. Al ver esto, todos murmuraban, diciendo que había entrado a posar con un hombre pecador. Lucas 19: 6, 7

Murmuraban

Esto es algo que debemos aprender ya.

Isaac cosechó cien por uno en el mismo año y los filisteos le tuvieron envidia.

Y sembró Isaac en aquella tierra, y cosechó aquel año ciento por uno; y le bendijo Jehová.

El varón se enriqueció, y fue prosperado, y se engrandeció hasta hacerse muy poderoso.

Y tuvo hato de ovejas, y hato de vacas, y mucha labranza; y los filisteos le tuvieron envidia. Génesis 26:12-14

Tú tienes que aprender esto, es solo uno de los estragos de la abundancia, y para estar en abundancia tú tienes que aprender a que la gente esté murmurando de ti.

De hecho, me atrevería a decir que es imposible hacer las cosas con excelencia y que no exista algún tipo de murmuración, y esta puede ser ciertamente motivada por envidia. Mire lo que dice Salomón:

He visto asimismo que todo trabajo y toda excelencia de obras despierta la envidia del hombre contra su prójimo. También esto es vanidad y aflicción de espíritu. Eclesiastés 4:4

Excelencia produce abundancia. Gente proactiva son fácilmente envidiados. Esto explicaría por qué Zaqueo es criticado por su acción de procurar ver de cerca al Maestro.

Aquí podríamos ver también la actitud de los religiosos, dispuestos a señalar a Zaqueo como no digno de recibir algo de Jesús, pues tenía un pasado.

Pero una vez más vemos en operación la gracia de Dios.

Veámos el resto de la historia.

> *(Verso 8) Entonces Zaqueo, puesto en pie,*
> *dijo al Señor: He aquí, Señor la mitad de*
> *mis bienes doy a los pobres; y si en algo*
> *he defraudado a alguno, se lo devuelvo*
> *cuadruplicado.*

El 50% de 100. Fíjate, mucha gente tiene tropiezo en darle a Dios un 10% y Zaqueo se para y dice: "la mitad" se lo voy a dar a alguien... a los pobres.

Y para reparar daños, Zaqueo dijo: *"... Se lo devuelvo cuadruplicado".*

> *(Verso 9) Jesús le dijo: Hoy ha venido*
> *la salvación a esta casa; por cuanto él*
> *también es hijo de Abraham.*

El padre de la fe a quien Dios le dijo que le iba a bendecir y lo iba a engrandecer e iba a ser de bendición.

> *Sabed, por tanto, que los que son de fe,*
> *éstos son hijos de Abraham. Gálatas 3:7*

4- María y el perfume

Este evento tu lo encuentras en otros libros históricos pero voy a usar el recuento de Juan.

> *Seis días antes de la pascua, vino Jesús*
> *a Betania, donde estaba Lázaro, el que*

> *había estado muerto, y a quien había*
> *resucitado de los muertos. Juan 12:1*

Lázaro había estado muerto y el Señor lo había resucitado, quiere decir que Lázaro era una persona que recibió favor del Señor. El Señor conocía a Lázaro a Marta y a María, sus dos hermanas. Anteriormente ya el Señor había visitado Betania y se había quedado en casa de ellos.

¿En qué tipo de casas se quedaba el Señor? Si es al estilo de Zaqueo, el Señor se queda en casa de alguien que lo puede hospedar.

Quiere decir que Lázaro podía hospedar al Señor.

> *Lázaro era uno de los que estaban*
> *sentados a la mesa con él, entonces*
> *María la otra hermana tomó una libra de*
> *perfume de Nardo puro de mucho precio*
> *y los enjugó y la casa se llenó del olor*
> *del perfume. Enseguida intervino Judas*
> *diciendo: ¿Por qué no fue este perfume*
> *vendido por trescientos denarios, y dado*
> *a los pobres? Juan 12:5*

Este tenía ideas contrarias a la economía de Dios. Mire lo que dijo Judas. Por otro lado siempre se te van a aparecer muchos Judas que te dirán: ¡Mejor lo hubiéramos tomado y se lo hubiéramos dado a los pobres!

Trescientos denarios era lo que le costó el perfume a María. ¿Sabe que es un denario? Un obrero ganaba un denario al día, trescientos denarios era el salario de un obrero de un año entero.

Se dice en otras palabras alabastro y se cree que era traído de la India, era una cosa muy valiosa. ¿Te imaginas que alguien venga con un perfume que cuesta el salario de un obrero de un año entero?

¿Cuánto gana una persona al año aquí? Vamos a decir que el perfume costaba $25,000 dólares. Para empezar María tenía que tener dinero, porque si no tenía no podía dar. ¡Qué cosa tremenda!

> Pero dijo esto, no porque se cuidara de los pobres, sino porque era ladrón y teniendo la bolsa, sustraía de lo que se echaba de ella. *Juan 12:6*

Que tremendo que el ministerio de Jesús tenía un ladrón y nunca tuvo problemas financieros.

> Entonces Jesús dijo: Déjala; para el día de mi sepultura guardado esto. Porque a los pobres siempre los tendréis con vosotros, mas a mí no siempre me tendréis. *Juan 12:7-8*

¡La oportunidad de darle al pobre siempre va a estar ahí, la oportunidad de sembrar para el reino no va a estar siempre ahí!

Pablo dice en Filipenses "... *yo sabía que ustedes estaban solícitos pero no tenían la oportunidad*" porque al reino solamente se le siembra en oportunidad.

A los pobres siempre los van a tener. Al reino es solo cuando Dios te da la oportunidad de sembrar.

Los pobres ya tienen algo

> *...como está escrito: repartió, dio a los pobres; su justicia permanece para siempre.* 2 Corintios 9:9

Quiere decir que ya Dios le dio a los pobres, dice Salomón:

> *En el barbecho de los pobres hay mucho pan; mas se pierde por falta de juicio.* Proverbios 13:23

Aquí dice que Dios le dio a los pobres, entonces si tú dices que eres pobre, tú estás tratando de decirle a Dios mentiroso porque la Biblia dice que él le dio a los pobres y tú no puedes ser pobre.

Dios dio y su justicia permanece para siempre y lo hace porque es justo.

Acción de gracias

> *Y el que da semilla al que siembra, y pan al que come, proveerá y multiplicará vuestra sementera, y aumentará los frutos de vuestra justicia, para que estéis enriquecidos en todo para toda liberalidad, la cual produce por medio de nosotros acción de gracias a Dios.* 2 Corintios 9:10,11

Acción de gracias es producida cuando nosotros tenemos lo suficiente para serle de bendición a alguien. De eso se trata la liberalidad.

Cuando tú das generosamente, tú das con liberalidad.

Concepto # 2 Dios da semilla al que siembra

> *Y el que da semilla al que siembra, y pan al que come, proveerá y multiplicará vuestra sementera, y aumentará los frutos de vuestra justicia, para que estéis enriquecidos en todo para toda liberalidad, la cual produce por medio de nosotros acción de gracias a Dios. 2 Corintios 9:10,11*

"Y el que da semilla al que siembra", (el que siembra es una persona). Para el sembrador hay semilla.

"Pan al que come", este es otra persona, este no es el sembrador, el que come es otro. El que come y el sembrador son dos personas diferentes. Dios sólo da semilla al sembrador. Establezca esto primero antes de mencionar el siguiente principio.

1. Dios solo da semilla al sembrador

2. El sembrador y el que come son dos personas diferentes

Entonces al que es sembrador Dios le da semilla. Al que come le da pan.

¿Sabe por qué Dios le da pan al que come? Porque él prometió en Salmos 37:25

> *Joven fui, y he envejecido, Y no he visto justo desamparado, Ni su descendencia*

que mendigue pan.

Dice otra traducción: *"jamás he visto justo desamparado ni a su simiente que mendigue pan".*

Dios dijo que el justo no va a mendigar pan, esto es siembre o no siembre.

¡Hay personas que jamás siembran y siempre tienen comida!

Dios dijo que el justo siempre iba a tener pan, eso es pura misericordia de Dios, entonces no te preocupes tu puedes dejar de sembrar hoy y para los frijoles vas a tener.

Sin embargo, el que siembra está en otro nivel.

Concepto # 3 El pan es una semilla muerta

Vea bien, Dios toma al sembrador y le da semilla y ¿qué sucede con la semilla? ¿Qué hace el sembrador con la semilla?

La multiplica.

Al que come le da pan. Y ¿Qué pasa con el pan?

El pan es una semilla muerta.

¿Sabe que hay en el pan? Tu tomas el trigo, lo mueles y haces pan pero una vez que te comiste el pan, ya esa semilla no dio más nada, va a la letrina[10] dijo el Señor.

El que come recibe pan, pero no prospera, porque el pan es semilla muerta.

Voy a ir más allá. El pan es una semilla muerta por eso es

que al sembrador Dios no le da pan. El sembrador no necesita el pan nuestro de cada día porque la semilla da para sembrar otra vez y ahí sale para pan también.

Pero al que come (solamente), Dios no le da la oportunidad de tener semilla en su mano pues si se la da se la come.

Es como aquél que fue y sembró papas y le dió papas la tierra y dijo ¡mira qué lindo! y se las comió todas.

No. El buen campesino, si la tierra le da papas, el hace así y aparta la papa que es semilla para sembrar para la próxima siembra el próximo año.

Hay algunas personas que han cosechado una vez y dicen ¡mira lo que Dios dió! Y hasta lo testifican y todo, pero se lo comen todo.

¿Y la próxima vez que hace Dios? nada más le da pan porque Él dirá: ¡a ti, todo lo que te doy te lo comes! Entonces no te puedo dar semilla, porque la semilla no es para comer es para sembrar, te tengo que dar pan.

Ahora hablemos de la diferencia.

El pan no se multiplica. La semilla ya fue molida y una vez comida no se puede reproducir.

Esta es la libertad de abstenerse de sembrar y no sembrar más nunca en tu vida. Para conseguir pan tú no tienes que ser un sembrador si tu lo que quieres son solo para los frijoles, el chile y la tortilla para cada día para eso no tienes que ser sembrador. Si tu lo que quieres es para la merienda no tienes que ser sembrador, para conseguir pan no tienes que ser un sembrador. Solamente tienes que trabajar para comer, no necesitas sembrar, solo trabajar.

Pablo dijo en 2 de Tesalonicenses 3:10 *"...si alguno no quiere trabajar que tampoco coma"*.

Entonces, para comer se trabaja. El trabajo te garantiza la comida.

Mire lo que a continuación va a leer porque esto va a cambiar su vida *"todo el que trabaja come"*, por lo menos frijoles.

Esa es una garantía. No pagarás tus facturas, pero comes.

Todo el que trabaja come.

Ahora al que le haya ido peor por lo menos tiene que decir que no ha dejado de comer, ¿Sí o no? ¿Cuántos se las han visto apretadas? Al que peor le ha ido por lo menos no ha dejado de comer y la prueba de eso es que está vivo, aquí está sentado leyendo y sin comer no se puede vivir, todo el que trabaja come.

No todo el mundo es sembrador.

No todo el mundo es sembrador por eso es que un ministerio corre con unos cuantos sembradores, yo les llamo *"colaboradores"*. Usamos el lenguaje Paulino.

Al sembrador Dios da semilla y la semilla se multiplica, el pan no se multiplica.

Trabajar es bueno. Todo el mundo tiene que trabajar, el sembrador también trabaja pero no se queda ahí. Siempre he abogado por la filosofía de mi abuela que dice que *"de los flojos no se ha escrito nada"*.

Es más, el Señor jamás llamó a un flojo al ministerio. Cada vez que el Señor escogió a alguien, escogió a alguien que ya estaba trabajando, los flojos no funcionan en ningún lugar para nada, tú tienes que trabajar.

Allá va Elías a seleccionar a quien Dios le había dicho, a Eliseo a quien iría a tomar su manto años después. ¿Sabe lo que estaba haciendo Eliseo? Estaba arando la tierra con 12 yuntas (24 bueyes). No era flojo.

Por eso por lo menos trabaja para que no seas parasito y no le seas carga a nadie y tengas por lo menos para los frijoles o pan.

Sin embargo, trabajando solamente, jamás conocerás la abundancia.

Tienes que trabajar pero trabajar no es suficiente. Por trabajar se le garantiza pan, pero el pan un día te lo comes, tienes que ir al próximo día a trabajar, eso es honroso, es bueno ganártelo todos los días con el sudor de tu frente. Eso es honroso pero hay algo superior, hay un camino más excelente, hay abundancia y no se consigue así, no he conocido todavía a un obrero que se haya retirado rico, no existe, lo que me lleva a darle el próximo concepto.

Concepto # 4 El obrero recibe honra, más no multiplica su capital

Si usted comprende ésto, esto va a cambiar su vida para siempre, no es malo ser obrero, es honroso, pero jamás vas a ver abundancia, tiene que haber algo más por encima de eso.

¿Quiere ver la prueba?

30,000 personas se quedaron sin trabajo porque van a cerrar unas plantas de una ensambladora de autos. Ahí han estado toda la vida trabajando. Buenos obreros y muchos de ellos estudiaron e hicieron carrera, estudiaron para lo que saben hacer y de pronto se quedaron sin trabajo. ¿Ahora que van hacer? ¿Sabe que yo he conocido personas que han trabajado duro toda su vida y han muerto pobres?

El sistema de finanzas está diseñado para que el obrero no prospere.

El sistema financiero que maneja este mundo está diseñado de tal manera que el obrero jamás prospera. Si te suben el salario 2% al año, entonces la inflación fue del 3% que era el promedio en donde estamos nosotros (antes de la recesión) y siempre estás detrás porque ese 1% que no te aumentaron tienes que pedirlo prestado a alguien y solamente la inflación te mantiene en deuda el resto de tu vida.

¡Tiene que haber un camino más excelente!

Nosotros cometemos un error con nuestros hijos cuando los mandamos al colegio y los preparamos para trabajar para alguien más.

Les digo a mis hijos desde ahora ¡No quiero que trabajen para otros! ¡No quiero que ustedes vayan a la escuela y saquen un título y luego vayan a entrar en la carrera corporativa para que alguien les esté gritando!

¡Prepárense, redondeen su conocimiento, aprendan lo que tengan que aprender! Si pueden aprender tres lenguajes, mejor.

Vayan a la Universidad. Yo empujo a estos jóvenes a que se preparen. ¡Posean la rama!

Pero no se preparen para ser obreros porque el obrero muere obrero.

No le estoy calentando la cabeza a nadie, estoy hablando de estos principios porque están en la palabra de Dios *"al que tiene le será dado, al que no tiene, lo poco que tiene le será quitado"*.

El obrero jamás llega a tener lo suficiente, y nosotros tomamos a nuestros hijos y les decimos: *"Mi hijito ve a la escuela, prepárate, para que consigas un buen empleo. Encuentra un buen trabajo, si es posible búscate un trabajo en una empresa grande, esos son buenos, ahí no te corren"*.

Y sí.

Probablemente van a conseguir un buen trabajo y tendrán buenos beneficios, los suficientes para mantenerte ahí mientras te ocupen. El día que no te necesiten te quitan los beneficios y te desemplean. Todo es mientras te necesiten.

Ellos, los que te emplean, no van a morir pobres, ellos no son obreros, tú eres obrero y tú mueres obrero.

El que (solamente) trabaja lo único que consigue es pan y el pan no se multiplica.

La abundancia viene solamente al que invierte (al sembrador).

Este principio es suficiente para cerrar este libro y si Dios te está dejando saber estas cosas, también es porque te ha dado la habilidad para que si tú te esfuerzas y crees y confías en Él, salgas de ese círculo llamado *"promedio"*, que es un enemigo.

La idea de prepararte pare ser obrero no es una buena idea.

Hay algo mejor.

Que se despierte el espíritu de empresario en ti, que se te despierte el espíritu de negociante que tienes dentro.

Testimonio de un amigo y su esposa

Yo conocí a un señor, esta persona cuidaba el estacionamiento de la carpa (en nuestros días de cruzadas misioneras bajo carpa), y era fiel para cuidar y poner los autos en su lugar.

¿Sabe a qué se dedicaba él?

Tenía un carrito de madera con dos rueditas y preparaba frutas con chile y se las vendía a la gente y una noche yo tuve un sueño (y vaya que no soy de sueños, esta es una de esas excepciones de la regla). Soñé a este varón y miré que él tenía una caravana, una flota de camiones grandes, inclusive vi el color de los camiones que eran amarillos y blancos.

Recuerdo que después del sueño hablé con él y aunque no le pude decir todo lo que vi, le dije: *"¡Sube! que yo veo delante de tu vida unas cosas tremendas"*.

El no sabía leer ni escribir.

Este hombre tomó las leyes de la siembra y la cosecha atentamente y se las aprendió puesto que era un dador.

Lo primero que hizo fue que se consiguió un carrito y con

éste le empezó a ir un poquito mejor y los primeros frutos que sacó en el segundo carrito vino y lo sembró en el ministerio y fue prosperado un poco más.

Él seguía sembrando, pero sembraba agresivamente y hacía decisiones con sabiduría, apoyándose en los principios bíblicos que iba aprendiendo. Le fue mejor y compró un carrito rojo y ¿Sabe que hizo con ese carro? Aunque él lo necesitaba, lo sembró.

Estaba ejercitando siembra y cada vez le iba mejor y ¿Sabe después que volvió a hacer? Compró un van y lo sembró al ministerio y su negocio seguía prosperando con más carros.

Luego alguien vino con él y le ofreció un restaurante que tenía porque otra persona ya no lo podía atender. Se tenía que ir por una emergencia, oiga que tremendo que Dios *"te da viñas que tú no sembraste"*.

A este hombre solo le dijeron hazte cargo del lugar, paga la renta y lo que quede de aquí es tuyo, simplemente que no se pierda el edificio. El hombre fue con su mujer y empezaron a atender ese lugar que estaba ubicado a la pasada de la carretera, de hecho hacían la comida tan rica que se llenaba ahí de choferes de camiones de carga que llegaban a comer de ida y de regreso.

A nosotros nos llegaron a hospedar y cada vez que yo iba por esa ruta a predicar me paraba ahí y me decían: *"Venga a comer para acá"*, pero usted no pague nada, usted sirve a Dios.

Ellos me decían: *"Usted está obligado a venir a comer cada vez que pase por esta zona, y si no llega nos enojamos y no solamente usted está invitado sino todos los que viajan con usted".*

Nos alimentaban y cuando salíamos y nos montábamos al carro el tanque de gasolina del carro estaba lleno. Tenían un espíritu de servir y les fue mejor y mejor. ¿Sabe usted lo que hacía la esposa de él en su tiempo libre? Bajaba al pueblo y buscaba colaboradores y cada mes venía a visitarnos y nos traía una bolsa con dinero para invertir en las misiones y decía: ¡Miren les traje esto! No se preocupen, yo lo recogí por allá con la gente del pueblo y aquí está.

Y este hombre y su esposa seguían prosperando.

En poco tiempo puso una frutería, ya no tenía carritos.

Cuando yo regresé años después de una gira y di una vuelta por ese rumbo el hombre no solamente tenía una frutería sino que ahora era un distribuidor y estaba distribuyendo frutas a todo el estado. Su empresa creció. De un simple vendedor ambulante llegó a ser un hombre de mucha influencia.

Era un hombre muy trabajador, pero no solamente era trabajador, también era sembrador, porque trabajar te da pan y no te pasa de ahí pero ser sembrador te lleva a otro nivel.

El y su esposa hallaron la manera de prosperar y las leyes de la siembra y la cosecha funcionaron para ellos.

¿Tiene Dios preferencia? No. Dice la Biblia que Dios no hace excepción de personas. La Biblia dice que "Él dio a los pobres" y eso también te puede pasar a ti.

El obrero muere obrero, el sembrador prospera.

¿Cómo sucede esto?

Esa es la gran pregunta y tu cabeza da vueltas porque tú eres una persona razonante.

Tú puedes estar diciendo: *"yo lo único que sé hacer es mi oficio, lo único que sé hacer es levantarme en la mañana e ir allá y trabajar ¿de dónde y cómo Dios va hacer eso?"*

La cosecha es un milagro

La cosecha es una ciencia sobrenatural, vea bien, es sobrenatural.

Implementa ciertos factores humanos. Por ejemplo *"el que se acuesta a dormir y cruza brazo sobre brazo le viene calamidad[11]"* y eso es un principio que está escrito.

¿Cómo viene la abundancia al sembrador?

Dios le da viñas que él no plantó, no las trabajó, al trabajador Dios le da la viña que está trabajando y esa le da pan.

Trabajando tú recibes dividendos de tu obra, de tu labor, al sembrador Dios le da no las viñas que él plantó porque las que él plantó son limitadas y al hablar de abundancia tú tienes que quitar lo límites.

> *Cuando Jehová tu Dios te haya introducido en la tierra que juró a tus padres Abraham, Isaac y Jacob que te daría, en ciudades grandes y buenas que tú no edificaste, y casas llenas de todo bien, que tú no llenaste, y cisternas cavadas que tú no cavaste, viñas y olivares que no*

plantaste, y luego que comas y te sacies...
Deuteronomio 6:10, 11

Esta gente llevaba 400 años de esclavos. ¿Qué pudo haber aprendido toda esta gente todos estos años de esclavos? ¿Qué oficio? ¿Hacer ladrillos?

Y les iba bien si había paja porque si se seguían multiplicando el Faraón les quitaba la paja y después tenían que hacer ladrillos sin paja.

¿Qué aprende un ladrillero?

A tomar tierra, juntarla y meterla en el horno. Más nada.

Los esclavos no aprendían ningún oficio, ni tenían ningún tipo de estudio, ni estaban preparados para administrar nada.

Y Dios les dijo: *"Yo les voy a introducir en la tierra y les voy a dar todo eso que ya está hecho".*

Sólo dos fueron los que pudieron llegar. Porque la cosecha es para un remanente ¿Sabe que los que venían de Egipto tuvieron que morir en el desierto?

Pero aunque dos venían desde allá que habían sido esclavos, poseyeron todo.

¿Y los que nacieron en el desierto que aprendieron? ¿Qué tu aprendes en el desierto? ¿Qué tu puedes hacer? Es más, ahí en el desierto no tenían nada que hacer, ahí Dios mandaba el maná y los alimentaba. Se podían poner a protestar porque no tenían carne y Dios les mandaba codornices... hasta por las narices.

Leamos esta promesa en la versión de Las Américas.

> *Y sucederá que cuando el Señor tu Dios*
> *te traiga a la tierra que juró a tus padres*
> *Abraham, Isaac y Jacob que te daría, una*
> *tierra con grandes y espléndidas ciudades*
> *que tú no edificaste, y casas llenas de toda*
> *buena cosa que tú no llenaste, y cisternas*
> *cavadas que tú no cavaste, viñas y olivos*
> *que tú no plantaste, y comas y te sacies...*
> *Deuteronomio 6:10, 11*

Veamos ahora Josué 24:13

> *Y os di una tierra en que no habíais*
> *trabajado, y ciudades que no habíais*
> *edificado, y habitáis en ellas; de viñas y*
> *olivares que no plantasteis, coméis.*

Esta es la promesa, es lo que dijo Dios que iba a hacer con ellos ¿verdad que sí o no? Cuando Dios dice algo lo cumple. Hay gente que trabaja toda la vida para conseguir algo y no lo consigue. Hay gente que lucha toda la vida por un sueño de lograr algo y se muere en el proceso.

"Para edificar casa, ciudades que no edificaste" ¿Sabe porque tiene que ser así? Porque para el sembrador la cosecha viene apresuradamente y no hay tiempo, la abundancia es por multiplicación y tú no tienes tiempo en la corta vida que tienes de edificar mucho.

Si tú te pones a edificar casas ¿cuánto tiempo te lleva terminar una casa? Y luego para hacer otra ¿Cuánto tiempo te lleva? Entonces cuando hayas hecho cinco casas tú ya te pusiste viejo.

Cuando tu vas a hablar de abundancia, la abundancia tiene que ser algo que tu no hayas hecho que te sea entregado, mire Josué 24:13 *"Y os di una tierra en que no habíais trabajado, y ciudades que no habíais edificado, y habitáis en ellas; de viñas y olivares que no plantasteis, coméis."*

Eso es multiplicación mas allá de lo que pudiera plantar.

¿Cómo viene la abundancia al sembrador?

Sobrenaturalmente. Tú has visto a gente que tú dices *"oye a esa gente que fácil le va y qué rápido han subido"* ¿verdad que sí o no?

Y tú dices: "hace poco los vi y estaban en estragos y de pronto mira empezaron a hacer esto y todo les funciona". ¿Por qué hay gente que todo lo que hace les funciona y todo lo que tocan lo multiplican y porque no te pasa a ti?

Te puede pasar a ti.

Veamos a una referencia de cómo funcionan estas transferencias de bienes.

> *El bueno dejará a los hijos de sus hijos;*
> *Pero la riqueza del pecador está guardada*
> *para el justo. Proverbios 13:22*

De hecho, en Proverbios se concentran las leyes de la siembra y la cosecha.

Tu sabes lo que me dice la Biblia a mí, que los pecadores tienen un montón de cosas en sus manos que no les pertenece a ellos, me pertenecen a mí, de la misma manera que los que estaban en aquella ciudad edificando. Habían plantado y Dios dijo: *"estos están trabajando para mis hijos que vienen por el desierto y mientras los tengo en el desierto no están haciendo nada, están comiendo maná".*

> *...la riqueza del pecador está guardada para el justo... Proverbios 13:22*

¿Por qué para el justo? No solo Dios tiene el pan para que él no mendigue sino también riqueza.

> *El que aumenta sus riquezas con usura y crecido interés, Para aquel que se compadece de los pobres las aumenta. Proverbios 28:8*

"...el que aumenta sus riquezas con usura..." ¿Quiénes son los que aumentan su riqueza con usura? Los impíos, los torcidos, y ¿quiénes son los que se compadecen de los pobres? Nosotros.

Enseñar a los pobres a dejar de ser pobres es la mejor manera de compadecerse de ellos.

> *Porque al hombre que le agrada, Dios le da sabiduría, ciencia y gozo; mas al pecador da el trabajo de recoger y amontonar, para darlo al que agrada Dios. Eclesiastés 2:26*

Salomón dice: *"que Dios da el trabajo de recoger y amontonar para darlo al que le agrada a Dios"* ¿Y tú crees que por medio de la siembra y la cosecha uno agrada a Dios? Él tiene al pecador recogiendo y amontonando para dárselo al que le agrada a Él.

¡Eso es gracia! La siembra y la cosecha actúan en gracia,

es algo inmerecido. Y tú puedes decir *"pero yo no merezco tanto"*. Yo tampoco. Tenemos más de lo que nos merecemos, de cualquier forma.

> *...y te daré los tesoros escondidos, y los secretos muy guardados, para que sepas que yo soy Jehová, el Dios de Israel, que te pongo nombre. Isaías 45:3*

Tesoros escondidos. Usted dirá: *"ahí no está hablando de dinero, está hablando de sabiduría"*. ¡Mejor! Si a Salomón se le apareció Dios y le dijo *"pídeme lo que quieras"* y Salomón le dijo *"quiero sabiduría"*.

¿Quieres sabiduría? Qué bueno, como no pediste riquezas, te voy a dar las dos cosas *"Sabiduría y Riquezas"* ¡Gloria a Dios!

Leamos Job 27:16,17 (el libro más antiguo del canon).

> *Aunque amontone plata como polvo, y prepare ropa como lodo; La habrá preparado él, mas el justo se vestirá, y el inocente repartirá la plata.*

¿De dónde viene? de ahí, porque la abundancia no es otra cosa que transferencia.

¿Sabe por qué?

Porque todo lo que tú necesitas ya está en algún lugar en la tierra.

Está en manos de alguien, está en el banco. Todo el oro que tú necesitas ya está en esta tierra, es más, mucho de ese oro ya lo sacaron de las minas. Alguien lo está amontonando.

¿Cómo sucede la transferencia?

De la manera que tú menos te esperas.

Yo he oído cosas de personas que dicen: *"yo fui a tal lugar y en el momento correcto, alguien estaba apurado y no sabía qué hacer con aquello y en eso Dios me había suplido a mí, de un día para otro".*

Es un sinnúmero la cantidad de cosas que pueden pasar.

¿Funciona aquí?

Claro funciona aquí, en México en Asia y funciona en todo lugar.

Conocimiento versus sabiduría

Debemos entender que el conocimiento académico es bueno, pero conocimiento y sabiduría son dos cosas diferentes.

Conocimiento se logra con esfuerzos, sabiduría viene de Dios.

Puedes ser un científico, gran cantidad de científicos se mueren pobres, y vaya que son cerebros porque inventan cosas y les dan premios pero se mueren pobres.

Alguien puede decir: *"a mí nunca nadie me enseñó a hacer algo".*

¡Ora a Dios! Él te da la idea, Él es el Dios de las ideas y te pone a hacer algo que nadie lo está haciendo y de una manera en que nadie lo está haciendo y es ahí donde encuentras tu lugar.

Una vez que estás adentro, empieza la multiplicación, porque se liga lo sobrenatural con una habilidad que también es sobrenatural porque Dios te la da y tú lo único que tienes que hacer es seguir la guianza del Espíritu de Dios.

Tú estás listo para la abundancia

El obrero muere obrero, el sembrador prospera.

Dice Deuteronomio:

> *Sino acuérdate de Jehová tu Dios,*
> *porque él te da el poder para hacer las*
> *riquezas, a fin de confirmar su pacto*
> *que juró a tus padres, como en este día.*
> *Deuteronomio 8:18*

La gloria y la honra a Dios, no hay pobreza en medio nuestro. ¡Gloria a Dios!

Concepto # 5 El que mira a las nubes jamás multiplicará su capital

La sabiduría que nos ha sido permitida a nosotros de acuerdo a lo que dice primera de Corintios, había estado oculta desde los siglos y edades y es mayor que la sabiduría de Salomón.

Esto quiere decir que nosotros estamos en posición de disfrutar todo lo que tiene el Padre en mayor medida que la de Salomón.

Vamos de regreso a Salomón.

Echa tu pan sobre las aguas; porque después de muchos días lo hallarás. Reparte a siete, y aun a ocho; porque no sabes el mal que vendrá sobre la tierra. Si las nubes fueren llenas de agua, sobre la tierra la derramarán; y si el árbol cayere al sur, o al norte, en el lugar que el árbol cayere, allí quedará. El que al viento observa, no sembrará; y el que mira a las nubes, no segará. Como tú no sabes cuál es el camino del viento, o cómo crecen los huesos en el vientre de la mujer encinta, así ignoras la obra de Dios, el cual hace todas las cosas. Por la mañana siembra tu semilla, y a la tarde no dejes reposar tu mano; porque no sabes cuál es lo mejor, si esto o aquello, o si lo uno y lo otro es igualmente bueno. Eclesiastés 11:1-6

Dígalo: "no se pierde".

En otras palabras, cada vez que tengas la oportunidad de sembrar, tu siembra... tú no puedes decirle a la tierra que no.

Cada vez que la tierra te presenta la oportunidad para poner semilla, tú pones semilla.

Cuando se te da la oportunidad mira lo que tú haces y con esto vamos a Filipenses para entender bien el concepto, este es Pablo hablando a los Filipenses.

En gran manera me gocé en el Señor de que ya al fin habéis revivido vuestro cuidado de mí; de lo cual también estabais solícitos, pero os faltaba la oportunidad. No lo digo porque tenga escasez, pues he aprendido a contentarme, cualquiera que sea mi situación. Sé vivir humildemente, y sé tener abundancia; en todo y por todo estoy enseñado, así para estar saciado como para tener hambre, así para tener abundancia como para padecer necesidad. Filipenses 4:10-12

Y hablando de necesidad le voy a explicar porque viene la escasez en ocasiones en tú vida y cuál es el propósito de la escasez.

Así que, cada vez que se te dé la oportunidad de sembrar, tu siembras porque no es de sabios dejar pasar la tierra sin ponerle nada, es tierra que está ahí y si no se pierde.

La tierra esta lista, tiene minerales, tiene con qué engrandecer el fruto pero si no pones semilla pues no hay nada con que crezca, por esa razón tu siembras cada vez que hay oportunidad, no solamente cada tercer domingo, no en la mañana solamente, no cuando es día de fiesta solamente, cada vez que hay oportunidad toma tu semilla y ponla en tierra... en cada oportunidad, no te abstengas.

Pero note el verso 4 otra vez de Eclesiastés que es adónde voy a enfocar el principio que voy a establecer y dice el verso 4...

El que al viento observa, no sembrará; y el que mira a las nubes, no segará. Eclesiastés 11:4

Y ese es el principio que voy a establecer: *"El que mira a las nubes no cosecha"* y le voy a explicar por qué hasta donde yo puedo explicar, porque hay una parte que no la puedo explicar y ahora va a ver por qué.

Hay muchas distracciones en la vida, muchas de ellas te dan miedo como por ejemplo cuando te dicen: *"te van a despedir, van a desemplear gente"* y mejor guardas los 4 centavos que tienes por ahí. Te aterrorizas y entras en miedo, y dices: *"me va a ir mal, o me van a desemplear o no me van a dar esta posición, o oí decir que el cheque va a llegar tarde para el siguiente mes, etc..."* y vienen circunstancias y esas circunstancias te quitan la vista de las promesas de Dios, el que ha prometido que si *"siembras generosamente cosechas generosamente"*.

Lo único que hacen es que te quitan la vista de esas promesas y en miedo te retraes.

¿Sabe por qué vienen las malas rachas?

Las malas rachas son motivadas por las circunstancias, porque emocionalmente la gente hace decisiones, pero es que a la hora de sembrar y de cosechar tú no puedes dejar que tus emociones dicten lo que tú vas hacer.

Es más, tus emociones no deben dictar nada en tu vida, tu jamás haces alguna decisión cuando estás emocionado o cuando tienes algún tipo de sentimiento en cuanto a algo.

La otra cosa es que Salomón aquí te explica algo del mismo verso 4 *"El que al viento observa, no sembrará; y el que mira a las nubes, no segará"*.

Como tú y yo no sabemos cuál es el camino del viento,

porque ¿cuántos saben cuál es el camino del viento?

> *Como tú no sabes cuál es el camino del*
> *viento, o cómo crecen los huesos en el*
> *vientre de la mujer encinta, así ignoras la*
> *obra de Dios, el cual hace todas las cosas.*
> *Eclesiastés 11:5*

Toda esta ciencia trabaja en lo oscuro[12]... observa este texto:

> *... si el grano de trigo no cayere en tierra y*
> *muriere no produce fruto pero si cayere y*
> *muere produce mucho fruto... Juan 12:24*

¿Y dónde cae el grano?

En tierra, en la oscuridad, bajo la superficie donde no se ve, donde no hay sol, donde no lo ves.

Escondido y tu no lo ves crecer porque está bajo tierra pero de pronto tú te das cuenta que crece porque empieza a salir una ramita verde y luego otra y cuando vienes a ver ya tienes una planta que ya está por encima de la superficie.

Es ahí donde entonces puedes ver el crecimiento y los frutos pero mientras esa semilla se está rompiendo y desarrollando debajo de la tierra tu no la ves.

Las reglas que regulan la abundancia son sobrenaturales, la cosecha es un milagro. No lo ves, por eso es que no podemos caminar por lo que vemos.

Como dice Pablo a los Corintios:

> *...por fe andamos, no por vista. 2 Cor 5:7*

Todo esto es de fe. ¿Y en qué me baso?

En lo que cita la palabra que dice que si yo soy generoso a la hora de sembrar, Dios va a ser generoso conmigo a la hora de cosechar, no por lo que yo siento, no dejo que mis temores dicten lo que yo voy a sembrar.

Cuando tu propones en tu corazón lo que vas a dar porque cada uno da como propuso en su corazón no según sienta.

Yo he oído a hermanitos decir: *"usted dé lo que usted sienta"*, ¡no! usted dé *"lo que propuso en su corazón"*.

Tú eres motivado en fe, tú no das motivado de acuerdo a lo que tú sientes porque tus sentimientos se pueden equivocar, son como la marea del mar que va y vienen como las olas que suben y bajan.

Hay días que nos levantamos y nos sentimos bonitos, hay días que nos levantamos y no nos sentimos tan bonitos, hay días que queremos amar y hay días que queremos odiar. Hay días que a alguien lo quieres abrazar y que al otro día lo quieres olvidar, porque esto es así, son las emociones.

Por eso tanta gente tienen problemas matrimoniales porque un día quieren amar a su esposa hasta la muerte y al otro día no. Hay días en que tú te levantas en la mañana y no quieres ir a trabajar pero tú te vas a trabajar. ¿Verdad que sí o no? Porque a tu patrón no le importan tus emociones. Entonces tu patrón tiene más poder que tus emociones y... ¿Por qué no habría de tener más poder la palabra de Dios en tu vida que tus emociones? ¿Entonces, cómo yo sé que funciona esto? No lo sé, yo veo los frutos, veo la abundancia llegar de la misma manera que el niño crece en el vientre, que sus huesos empiezan a crecer y tu no los ves.

El texto en Eclesiastés 11:5 está muy claro... leámoslo una vez más.

> *...Como tú no sabes cuál es el camino del viento, o cómo crecen los huesos en el vientre de la mujer encinta, así ignoras la obra de Dios... Eclesiastés 11:5*

La frase *"ignoras la obra de Dios"*, indica que algunas de éstas cosas naturalmente no se pueden explicar.

La siembra y la cosecha son leyes espirituales y dice la palabra...

> *Pero el hombre natural no percibe las cosas que son del Espíritu de Dios, porque para él son locura, y no las puede entender, porque se han de discernir espiritualmente. 1 Corintios 2:14*

Dice la versión Reina-Valera Antigua...

> *...porque el hombre animal no percibe las cosas que son del espíritu de Dios porque no las puede entender porque para él son locura y se han de discernir espiritualmente.*

En cambio el espiritual juzga todas las cosas y las leyes de la siembra y la cosecha son totalmente espirituales.

Son totalmente sobrenaturales, tu sabes porque la palabra lo promete, pero el desarrollo en sí de cómo sucede eso es un misterio.

Cuando hablo de misterio dice la palabra que los misterios se nos han sido revelados pero el mecanismo detrás del misterio ese no te ha sido revelado.

Dios se reserva algo ¿pero para qué? Para que haya operación de fe, porque si te enseñara el mecanismo entero ya no es por fe.

¿Qué sentido tiene que para tu recibir, te tienes que quitar lo que posees y darlo? Sería al revés, cualquier analista financiero te diría: "para tener, lo que tiene que hacer es acumular y guardar" ¿sí o no?

Una mujer, una vez vino y me dijo: *"yo fui a hacer mis impuestos y mi analista financiero me dio una regañada tremenda"* ¿Y por qué te regañó? pregunté.

"Dice que yo estaba dando mucho a la iglesia. Y me dijo que esto no era así, porque yo tengo que guardar dinero para esto y para esto otro y que lo que yo estaba haciendo estaba mal".

Yo le dije a ella: *"Bueno, tu puedes hacer una de dos cosas, tu puedes oír lo que Dios dice sobre finanzas o tu puedes oír lo que dice tu consejero financiero"*, y me dice ella: *"Oh, es que él tiene mucha experiencia, él graduó de no sé qué escuela y tiene tres títulos. Lo voy a escuchar a él".*

"Está bien", le dije yo, y el resto de la historia ya usted se la sabe.

Al poco tiempo llegó ella a la Iglesia y dijo: *"Voy a pedir oración porque no tengo para cubrir la renta".*

Dios no te quiere ver así.

¿Tú sabes lo que es ser un hijo de Dios y que a cada rato te estén llamando para cobrarte cosas y que te estén tocando a la puerta? cuando la Biblia dice que *"no le debas nada a nadie[13]"*, cuando la Biblia dice que *"el que pide prestado es siervo del que presta[14]"*.

El que mira a las nubes no cosecha

El que mira a las circunstancias, el que trata de entender el proceso antes de practicarlo. Me refiero al mecanismo.

Una pregunta ¿Usted tiene carro?

Y si usted tiene carro... ¿Usted sabe cómo funciona todo lo que sucede adentro del motor?

No. Tú solo le pones la llave y te lleva, ¿verdad que sí o no?

Es más. Ni los mecánicos saben explicarlo muy bien.

Usted dirá: *"No, pero tiene pistones"*, yo también sé que tienen pistones.

¿Qué más tiene? *"Tiene anillos"*, yo también sé que tiene anillos. Quiere decir que yo puedo tomar una caja y le pongo pistones y anillos y a ver que pasa. No.

Hay algo más y finalmente no lo puedo explicar. Sin embargo, mi auto me lleva a muchos lugares sin yo saber cómo funciona.

Cuando yo era niño y veía las caricaturas yo pensaba que los personajes vivían allí dentro del televisor, y yo le preguntaba a mi mamá... *"¿Oye y cuando nosotros apagamos el televisor ellos se van adormir ahí dentro?"* Pero en la mente de un niño *como le explicas. Y yo continuamente preguntaba y decía: "Pero es que si ellos están en otro lugar ¿Por qué cuando yo prendo el televisor ahí salen?"*

Finalmente después de tantas preguntas mejor ya no me explicaron nada.

Hicieron lo mismo que el cura del pueblo, que le hice tantas preguntas que un día me dijo: *"Ya no moleste más. Váyase a lavar los dientes u otra cosa pero no esté aquí preguntando cosas".*

Verdad que los niños te cansan con preguntas hasta que llega el momento que le dices: *¡está bien!*

Así son las leyes que regulan la abundancia, esa semilla cae en tierra y empieza a producir y tú no lo ves pero se está formando y de pronto vino por ahí un fruto que tú no esperabas.

Cheques que no esperabas, personas que te debían y no te habían pagado. Viñas que no plantaste.

Tú no sabes de donde sale, de pronto alguien se muere que tú pensabas que era pobre y puso a tu nombre su herencia.

La vida da vueltas, de pronto sale un filisteo que anda huyendo de alguien y de pronto tú te encuentras la viña.

Como en una compañía que esta persona llegó a pedir trabajo y le dijeron: *"tú vas a ser el gerente general de la empresa"* y él respondió: *"pero yo no vine aplicar para eso".*

"Si ya sabemos que tu no aplicaste para eso, pero en este momento tu eres la persona perfecta para esa posición, lo tienes que hacer".

Sucede que este muchacho fue a aplicar para un trabajo de $55,000 dólares al año, pero como él estaba tan desesperado por trabajar se dijo a sí mismo: *"Si me ofrecen otro trabajo con un sueldo más bajo yo lo acepto"*.

Pero sucede que le dicen, *"Nosotros no te queremos para ese trabajo, nosotros necesitamos un gerente general, y tú eres el hombre"*.

Y lo tomaron sin experiencia y lo empezaron con $75,000 al año. De pronto subió de $55,000 a $75,000 ¿Cuánto es la diferencia? $20,000 dólares más al año.

¿Con eso te puedes comprar un par de camisetas? ¿Verdad que sí o no?

¿Por qué? Porque Dios puso gracia, tocó a alguien, movió cosas por aquí, movió cosas por acá. Así trabaja Dios. Ah, pero este muchacho era un sembrador.

Concepto # 6 La inversión se redondea al mayor no al menor

Vamos otra vez a Eclesiastés...

> *Echa tu pan sobre las aguas; porque después de muchos días lo hallarás.*
> *Eclesiastés 11:1*

Hay un tiempo entre la siembra y la cosecha eso está establecido y el verso 2 dice *"Reparte a siete, y aun a ocho; porque no sabes el mal que vendrá sobre la tierra"*.

Las cosas se van a poner malas, redondéalo al mayor no al menor, ahí hay otra regla, no hay tiempo, cuando las cosas se van a poner malas, es más, cuando las cosas se van a poner malas es cuando más hay que sembrar.

Eso lo he dicho a la gente desde hace tiempo. Cuando yo me huelo crisis que viene, vacas flacas que vienen moviendo las campanas, en ese momento empiezo a sacar de todo y empiezo a sembrar con locura.

Siembro hasta lo que no puedo, ¿Sabe por qué? porque yo sé que esa es mi única oportunidad para pasar la crisis.

Estaba José preso en Egipto y Dios le dio un sueño al Faraón y en el sueño vio una vacas flacas y unas vacas gordas y Dios le interpretó el sueño por medio de José y le dijo: *"es que vienen siete años buenos pero después van a venir siete años de crisis y de hambre"*. Entonces Faraón dijo bueno: ¿Y qué vamos a hacer?

Y José dijo: *"yo tengo la solución, de todo lo que se haga aquí en la tierra vamos a recogerle a la gente el 20%, o una 5ta parte"* que es lo mismo.

Me imagino los cristianos en las Iglesias, que su Pastor les diga: *"siembra un 20% de lo que tocan tus manos"*. Pegan el grito en el cielo.

Pero de acuerdo a las reglas que regulan la abundancia no es así. Es al revés, porque van a venir siete años de vaca flacas aumenta el grano. ¡Pon más grano en el almacenaje! Tipo del granero donde se guarda el grano o el alfolí porque eso no es otra cosa que un alfolí.

Y llegó José y dijo: *"como viene un tiempo de crisis ¡Vamos a subir el porcentaje de grano que va al granero!"*

Redondea al mayor, jamás redondees al menor.

Hay creyentes que sacan la cuenta y dicen me gané $105.00 dólares, bueno le voy a dar a Dios $10.00 dólares al cabo ahí es más o menos.

No has visto instancias donde la gente le da centavos a Dios y lo que se cuenta en la ofrenda son un montón de monedas.

Recuerdo en una Iglesia que fundamos, al principio la gente no sabía dar, y entraban muchas monedas en la ofrenda. Me contaban los que hacían el depósito que en el banco no recibían ese depósito con buena cara (pues lo tenían que contar). Al tiempo, cuando el pueblo de Dios aprendió a dar, ya los depósitos no llevaban monedas, pues todos habían aprendido a redondear al mayor.

Siempre redondea al mayor, pon las cosas más altas. En eso muestras tu generosidad. Mide con vara amplia para que seas medido de la misma manera.

Ahora voy a regresar al caso del varón que fue a aplicar para el trabajo de $55,000 dólares al año y le dieron uno de $75,000 pero él ya venía por dos años atrás diezmando para $75,000 dólares.

Vea bien, las leyes de la cosecha te dicen *"que tú estableces el tamaño de la cosecha cuando siembras"*.

El tamaño de la cosecha se establece en la siembra

Entonces tú decides qué tipo de cosecha quieres. ¿Qué

tipo de finanzas tú necesitas para alimentar a tus hijos y a tu familia?

Redondeas al menor, pues te bajan. Dios dice: *"Éste se conforma con eso, eso es lo que quiere, vamos a darle un bajoncito".*

Contrario al que es agresivo y diligente porque dice la Biblia:

... los pensamientos del diligente siempre van a la abundancia.

O sea. Siempre va para arriba, nunca para abajo.

Es como el que va al restaurante y deja propina de $1.13 de dólar. Mejor déjale $5.00 dólares. *"No hermano pero es que yo saqué la cuenta y bueno ¿cuál es la norma en los restaurantes? 15%, en otros 18% (en los más lujosos)".* Fíjate que hasta en algunos restaurantes te cobran 18% de propina, estos están más tremendos que la ley de Moisés.

Si tú te comiste $100.00 dólares en una sentada ¿Cuánto sería la propina $18.00 dólares?, pues ponle $20.00 dólares.

"No pero es que en el restaurante aquel me cobran el 15% ¿Por qué le voy a dar el 18%?" y hay gente que es así y ahí le echan sus $3.00 dólares arrugados en la mesa a la pobre muchacha. Con razón cuando llegas la próxima vez ni te quieren atender y mejor te mandan a un mesero novato que no sabe atenderte bien.

En serio, a los tacaños eso es lo que les toca, los que aun no saben muy bien donde quedan las cosas pero ¿por qué te tocan esos? Porque ya saben que tú eres tacaño.

Pero al dador las puertas se le abren todo el tiempo, es más, se pelean por atenderlo, por ayudarle, si no hay una mesa buscan una mesa para él. En cuestiones de dar siempre, pero siempre, redondea al mayor, eso es un principio espiritual.

Concepto # 7 La entrega de nuestras finanzas a Dios, marcan el índice de nuestra entrega espiritual

Ésto es una fórmula.

Cuando yo empecé en el ministerio (que para la gloria y honra de Dios ya estamos celebrando 35 años en esta carrera), a mí me enseñaron que las finanzas no eran algo espiritual, yo siempre separaba una cosa de la otra.

Todo lo que tenía que ver con dinero no se hablaba en la iglesia, no se hablaba de eso porque había un problema con eso terrible. Los predicadores no podían mencionar dinero y había ese estigma de que eso no era algo espiritual. Sin embargo eso no es lo que Cristo nos enseñó.

Cuando abrí los ojos a ésto aproximadamente hace 20, o 21 años y que entendí cómo funciona la siembra y la cosecha me dí cuenta que la cosecha es todo espiritual.

Dar y recibir es una práctica espiritual y esto me lo había dicho un sabio.

Un pastor llamado César Vicente, un hermano mayor de edad que me dijo muchas cosas que iban al revés de lo que la mayoría decía.

Ya él se fue con el Señor hace muchos años, pero él me dijo una vez: *¡Mira muchacho, en el dar, tú sabes quién está verdaderamente entregado a Dios!*

¿Cómo puede ser eso? ¿Qué tiene que ver una cosa con la otra?

Yo pensaba que el que estaba más entregado a Dios era el que más ayunaba o el que más vigilias hacía o el que más obras de caridad completaba.

Años después me dí cuenta que este hombre me había dicho muchas cosas que yo no las entendía en ese entonces y que después las vine a entender.

Es más, para empezar me dijo que una persona que no siembra para tu ministerio no está contigo.

¿Por qué? Porque no tiene nada invertido. Las personas invierten solamente en aquello que aman. Eso no lo entendía yo.

Tú no has visto que las compañías hoy en día, parte de lo que tú ganas ellos quieren que lo inviertas en un sistema al que llaman "profit share" y ellos mismos te dan dividendos sobre eso.

Si tú trabajas para una compañía grande especialmente compañías que son públicas (que están en Wall Street, en la bolsa de valores) esas compañías quieren que tú como empleado de ellos apartes parte de lo que ganes y sea reinvertido en su misma compañía.

¿Y qué sucede?

Que si tú amas un lugar e inviertes en él, tú no te vas a ir porque hay fidelidad.

Tú no te vas fácilmente de un lugar si has invertido en él. Si tú has invertido en algo tú te quedas aún si viene un tiempo malo.

Las personas que no son dadoras pero que de vez en cuando dan al ministerio, un día por cualquier cosita se enojan y salen corriendo.

Tú vez que se van fácilmente porque no tienen nada invertido.

No tienen nada que perder.

Hay gente que están en la iglesia y piensan *¿Para qué voy a invertir, si al rato yo me voy?* que cosa tan carnal. Tú solamente puedes invertir en algo que amas.

Veamos la sabiduría con que habló Jesús en relación a este concepto. El dijo:

> *...no os hagáis tesoros en la tierra donde*
> *la polilla y el orín corrompe... Mateo 6:19*

Tú tienes que estar desprendido. Si tú estás atado a las cosas terrenales, la avaricia empieza a operar en tí y donde hay avaricia hay una obra de la carne viva operando y eso interrumpe cosechar.

Es más, la avaricia es lo que trae la tendencia a retener. *"Quiero más, lo quiero más grande, quiero otro más bonito, quiero ésto, se me antoja aquello, mira qué bonito está ese auto, está más bonito que el mío, quiero el de ella"* y cuando vienes a ver lo que se está activando en tí son otras cosas que no son espirituales.

Fíjate, y te lo vuelvo a repetir y que sea claro.

El propósito por el cual Dios te engrandece es para que seas de bendición, no para que seas lleno de vanagloria.

Acuérdate de la promesa a tu Papá Abraham *"te bendeciré, te engrandeceré y serás de bendición"*.

Ahora, Dios no puede ser burlado. Dios no te va a engrandecer para que tú lo gastes en tus deleites y en cosas que mueren y que no producen, o que no tienen trascendencia, no.

No funciona así con Dios.

¡Dios no puede ser burlado!

Dios te deja tener cosas buenas mientras estés desprendido de ellas, el quiere que tú tengas cosas buenas y que las disfrutes mientras estés desprendido de ellas.

Tan desprendido que en cualquier momento lo puedas dar.

Si algo de lo que tú posees no lo puedes dar en cualquier momento, esa cosa ya te está atando, lo que sea, botas, zapatos, calcetines, casa, carro, lo que tú tengas en tu posesión.

Si es algo que no puedes dar ya te posee.

Si hay algo en tu vida, algo material de lo que no te puedes desprender eso te posee.

Dios te deja que tu disfrutes todas las cosas buenas, casas, carros, aviones, barcos, camellos, caballos, lo que sea mientras que ninguna de esas cosas te aten.

Mientras que ninguna de esas cosas cambien la opinión tuya en cuanto a algo.

Que ninguna de esas cosas te vayan a influenciar en cuanto a tú moverte de un lugar a otro para servir a Dios.

Por eso es que los misioneros cuando van al campo misionero (valga la redundancia) una de las cosas que primero se les aconseja es que no compren propiedades, porque si compran una propiedad y luego Dios les quiere mover a otra ciudad a levantar otra obra, están atados.

¿Por qué cree que tan poca gente está dispuesta a ir de misioneros a algún lugar?

Porque hay que dejarlo todo.

Y si tú estás dispuesto a dejarlo todo, Dios estas dispuesto a usarte.

Si tú estás dispuesto a desprenderte de todo, Dios está dispuesto a prosperarte pero tienes que estar dispuesto.

Que no haya nada que te ate, que no haya nada en tu vida que te pueda controlar.

Veamos lo que dice el Señor en el contexto de Mateo 6:19 donde ya leímos: *"No os hagáis tesoros en la tierra, donde la polilla y el orín corrompen, y donde ladrones minan y hurtan"* —continuemos leyendo ahora el verso que sigue:

> *...sino haceos tesoros en el cielo, donde*
> *ni la polilla ni el orín corrompen, y donde*
> *ladrones no minan ni hurtan. Mateo 6:20*

El mejor banco, el más seguro de todos, el que jamás se va a declarar en bancarrota, es el banco de Dios.

Entonces la idea se cierra en el verso 21. Leámos:

> *Porque donde esté vuestro tesoro, allí estará también vuestro corazón.*
> *Mateo 6:21*

Donde está tu tesoro, está tu corazón

Si tu vista, tu tesoro está en cosas pasajeras, tu corazón está en cosas pasajeras.

Si tu tesoro está en cosas eternas, tu corazón está en las cosas eternas.

¿Determina la espiritualidad de una persona la siembra?

Claro que sí.

En la manera de sembrar se sabe si una persona está entregada al Señor realmente.

El que está desprendido de las cosas terrenales, busca las cosas de arriba, dice la palabra. Mientras más desprendimiento de las cosas de abajo, mas acercamiento a las de arriba.

Mientras más te ates a las terrenales, más lejos estás de las celestiales. *"Donde está vuestro tesoro allí estará también vuestro corazón"*.

Así que, la entrega de nuestras finanzas a Dios marca el índice de nuestra entrega espiritual.

Mira a Abraham, el padre de la fe.

Dice la Biblia que cuando le dio los diezmos a Melquisedec le dio los diezmos de todo y quiere decir todo.

No solo dinero, es más, lo que trajo a Melquisedec no era del salario, no era de las ganancias, no era de las entradas regulares de Abraham, fue de algo extra.

La gente por lo regular el fin de semana lo aparta y dice yo le doy a Dios de mi salario.

Alguien me preguntó un día y me dijo: "Cuándo voy a marcar el porcentaje que le voy a dar Dios, ¿de dónde lo marco del neto o del bruto?"

Le respondí: *"Bueno, depende de qué cosecha quieres, si quieres una cosecha de lo neto o de lo bruto"*. Con la medida que mides serás medido.

Ya que te dedujeron para el seguro médico, para la caja de ahorros del plan de retiro, los impuestos del estado, los impuestos federales, y la muchas otras cosas que se restaron de tu salario en bruto ¿qué te quedó?

Si dices: *"¡de esto le voy a dar a Dios un tanto por ciento!"* entonces pusiste a Dios después de que habías terminado con el César. O sea, pusiste a Dios al final.

Nota que los que somos financieramente independientes (o sea que no trabajamos para alguna empresa), no tenemos ese problema porque cuando yo voy a darle al César lo que es del César ya todo lo tuve en mi mano.

Y me dice alguien...

¿Cuál es la regla?

Dios no necesita ni el diez por ciento, ni el quince por ciento tuyo. Dios quiere tu corazón. Él te quiere a ti con todo, porque cuando tú eres de Dios y todo lo que tú tienes es de Dios, Él puede disponer de todo lo que tú tienes y es entonces que Él te deja tener.

Abraham fue y no dio de su salario.

Vamos a decir, no dio del cheque del viernes una parte.

No. Él dio algo que no estaba en el salario regular.

Porque hay gente que dice: "Yo le doy a Dios. Yo soy diezmador". Los fariseos eran diezmadores también, así que no has impresionado a nadie.

Yo conozco diezmadores que han dividido iglesias y son problemáticos, hay diezmadores legalistas, los cuales juzgan a otros solo por ser diferentes o porque no se sujetan a esta medida.

Diezmador no es necesariamente sembrador, hay gente que da el diezmo por miedo, porque se siente culpable o porque están asustados, no por amor.

¿Tú sabes en qué eres tentado?

Tú no eres tentado con tu chequecito de $120.00 dólares que te dan al fin de semana, de eso darle a Dios un por ciento no es difícil. Más bien, tú eres tentado cuando te llega algo que tú no lo estabas esperando y que es una suma a la cual no estabas acostumbrado y es allí donde tú eres probado.

¿Te imaginas el botín que le quitaron a aquellos cuando llegaron allá? eso fue un despojo grandísimo.

Esta gente despojaron todo, éstos habían llegado y se habían llevado todo y todo lo recuperaron.

El despojo era grande y ¿sabes a quién le pertenecía el despojo? Al que lo recuperaba. Y ¿sabes lo que hace Abraham?

Dice la Biblia que fue delante de Melquisedec el sacerdote que se menciona (sin genealogía ni principio, ni fin de días). A él le dio los diezmos de todo el botín, no de lo regular, no del salario, no de lo normal sino de la abundancia, porque así funciona tu siembra, y Dios te prepara una cosecha.

Y cuando llegue esa cosecha debes estar seguro de algo, de que te acuerdes de Dios porque eso es lo que te prepara para la próxima cosecha que viene después.

Por lo regular la gente diezma de lo poquito seguro y se engañan a sí mismos, pero ¿a quién van a engañar? si eso es entre tú y Dios.

¿Alguna vez alguien te ha preguntado cuanto tú dás?

La iglesia debe ser un organismo donde jamás se le pregunta a alguien por qué da o por qué no da.

En muchas iglesias denominacionales si tú no diezmas no te ponen en la lista de miembro en plena comunión, es más, no te puedes hacer miembro de la iglesia para empezar.

En este ministerio, jamás nadie te ha dicho nada, aquí tú llegas y te alimentas de la palabra igual que todo el mundo y jamás te van a decir nada.

Eso es entre tú y Dios. Pero toma nota. Dios está pesando tu corazón todo el tiempo.

Yo conocí un pastor que ¿sabe lo que hacía?

Al que no daba diezmo lo ponía en una lista y la colocaba en la entrada de la iglesia.

Ahí pegaba la lista en la pared y decía: *"éstos son los hermanitos que no están diezmando"* e incluía todos los nombres.

Que tremendo. Los avergonzaba. ¡Qué yugo!

En el caso de Abraham. Él recuperó algo que se veía perdido y hay gente que viene a orarle a Dios por cosas de gente que le deben y dice: *"Señor me deben ésto y no me lo quieren pagar"*, oran por cosas que ya están perdidas, que piensan que no las pueden recuperar y ¿Tú sabes por qué Dios no les deja que las recuperen? Porque su corazón no está en darle a Él, lo que es de Él y mientras su corazón no esté en el lugar correcto Dios deja que eso se pierda.

¿Tú quieres ver a Dios hacer milagros?

Pon tu corazón derecho en ésto y tú vas a ver que todos los que te deben te van a pagar. Van a venir a ti, tarde o temprano.

Puede ser que tome tiempo y si no vienen ellos, Dios por otro lado levanta a uno mejor que ellos y te trae abundancia para avergonzar a aquellos que te robaron.

Dice la Biblia que *"si el ladrón fuere sorprendido pagará siete veces[15]"*.

Algo que estaba perdido, ¿te imaginas recuperarlo siete veces? Eso es mejor que estar llevando gente a la corte.

Si Dios está en tu cuestión, eso quiere decir que si alguien te robó, va a pagar siete veces.

Eso dice la Biblia, yo confío lo que dice la palabra de Dios, lo robado se te va a pagar con creces. Hay gente que ha estado perdiendo algo que les pertenece por derecho y le ruegan a Dios que les ayude a recuperarlo pero no están dispuestos a entregárselo a Dios.

Dios no ha hecho nada por tí en esa área porque el corazón no está en el lugar correcto.

Dale lo que estaba perdido a Dios, dáselo antes de recuperarlo, cualquier conquista, arma, botín, herencia, algo que se veía perdido y se ha recuperado, de tus vacas, de tu ropero, de tu despensa, de lo que venga.

De lo que toquen tus manos, de todo.

Yo recuerdo que en el campo misionero nosotros llegamos a lugares donde la gente era de campo, donde no había dinero, pero de vez en cuando en la tarde aparecían dos cajas de tomate. Uno se apareció un día con cinco gallinas y pescado fresco. Esa gente linda, está acostumbrada a dar de lo que Dios les da.

La siembra no se limita a dinero... incluye todo.

Concepto # 8 La escasez es la manera en que el corazón es pesado

Éste es un principio maestro que está por encima y detrás y en éste principio se esconden dos principios más.

A todos nos va a llegar o nos ha llegado en algún momento de nuestra vida.

¿Por qué razón? Por dos cosas.

Número uno, y este es otro principio: *"Dios no te pasa a la abundancia hasta que no hayas entendido el propósito"* y número dos: *"si no conoces el propósito de algo, abuso es inevitable"*.

¿Por qué tú crees que los niños que no han sido entrenados en finanzas no saben cómo darle a Dios?

Todo porque sus padres no los enseñaron y no se les enseña propiamente como llevar sus finanzas, ni cómo ahorrar dinero o como guardarlo.

No saben cómo tienen que darle a Dios y a como balancear su libro de cheques.

Si tú no les enseñas a esos niños, cuando esos niños crecen salen allá afuera y lo primero que hacen cuando son mayores de edad es meterse en deuda.

Adquieren una tarjeta de crédito y se van al centro comercial y acaban con la tarjeta y luego aplican para otra tarjeta más y luego para pagar una agarran otra y cuando vienen a ver son unos niños todavía que tiene 24 o 25 años y ahora están ahogados de pura deuda.

Vamos por partes.

Para explicar por qué es en la escasez que el corazón es pesado, será necesario entrar en las dos reglas que siguen (y que están escondidas en ésta).

Concepto # 9 Dios no te pasa a la abundancia hasta que no hayas entendido el propósito

Regresando a los niños a los cuales sus padres no les entrenaron en cuestiones de finanzas y crecieron y fueron y se metieron en deudas.

¿Por qué razón les paso eso? porque no conocían el propósito y cuando tú no conoces el propósito de algo, abuso es inevitable.

Es como los hijos de ricos que los padres no les enseñaron y de pronto toman la herencia entera y la malgastan y la acaban despilfarrando por todos lados. *"Se me antoja comprar un yate, o compra este avión"*, etc., y se lo gastan todo.

Hasta que no conozcas el propósito por el cual ése bien te es dado tú vas a estar malgastándolo.

Si tú no conoces finanzas, vas a tener un problema grave en tu vida.

Finanzas debe ser algo que se les enseña a nuestros hijos sistemáticamente, debe aprenderse como se maneja el dinero.

Si yo le doy a mi hijo ahora cincuenta dólares, antes de que yo llegue a la otra esquina ya él se los gastó, él les busca un uso enseguida.

Pero si yo lo traigo a trabajar conmigo y le pago por hora ese dinero y se le pone viejo en la cartera y no lo gasta, luego dice: *"Papá quiero esto"* y le digo tú tienes dinero. Él dirá: *"No, ese no"*. ¿Por qué? Porque le costó.

Mi hijito *"¿verdad que cuesta trabajo?"* y el hijo responde: *"sí Papá"*. Ah que bueno.

"¿Tú sabes para que lo tienes?" pregunta le padre y enseguida responde el hijo con otra pregunta: *"¿Para qué Papá?"*

"Para que lo inviertas y para que lo uses bien. Para que cuando venga la oportunidad de algo estés listo para esa oportunidad". Así que nosotros tenemos que educar a nuestros hijos y enseñarles el propósito de las riquezas, el propósito de las cosas. Y no sólo a ellos. Nosotros ya crecimos y es posible que nadie nos haya educado en esta área.

Nosotros también debemos aprender cual es el propósito de las finanzas. En Deuteronomio capítulo 8 vas a ver un ejemplo de esto.

Vamos a la ley, al libro número 5 de la ley (o pentateuco) y dice el verso 2:

> *Y te acordarás de todo el camino por donde te ha traído Jehová tu Dios estos cuarenta años en el desierto, para afligirte, para probarte, para saber lo que había en tu corazón, si habías de guardar o no sus mandamientos. Deuteronomio 8:2*

¿Para qué fueron afligidos en el desierto?

Para saber lo que había en su corazón.

La escasez es la manera en que el corazón es pesado.

El que ya está en abundancia ya salió de escasez y se mantiene en abundancia.

El que entra en algún tipo de prosperidad, que puede ser que sea una prosperidad en este caso temporal y no conoce estas cosas, regresa a la escasez, y tú vas a regresar a la escasez las veces que sea necesario, hasta que aprendas la lección.

Ésto no es el sistema de escuelas de California que te pasan de un grado para otro. Que te dan promoción para que tú estima no se baje.

Ésto no es la escuela del estado. En la escuela de Dios tú vas a estar en el mismo grado hasta que lo apruebes bien. Aquí no hay promociones pasando de un grado para otro sin saber nada.

No, tú vas a sacarlo y lo vas a sacar bien y hasta que no aprendas la lección en ese nivel no vas a pasar al próximo nivel.

Es que hay gente que está arrastrándose en el mismo nivel, que está dando vueltas en el mismo nivel y que continúa tropezando con lo mismo porque no han aprendido la lección. Una vez que la aprendan se mueven al próximo nivel.

> *Cuando yo era niño, hablaba como niño,*
> *pensaba como niño, juzgaba como niño;*
> *mas cuando ya fui hombre, dejé lo que era*
> *de niño. 1 Corintios 13:11*

Así que tienes que entender las cosas para qué pasan, para que puedas ir al próximo nivel, para que puedas crecer.

Es como cuando alguien cae y falla a Dios y hace una cosa que no debía hacer y se queda allí y ¿Por qué se está quedando allí? Porque no ha aprendido.

¿Por qué tú crees que hay gente que se casa y se divorcia y en el segundo matrimonio les va mal y el tercero le va mal y el cuarto le va mal y a las cinco mujeres que han tenido las acusan de lo mismo?

¿Por qué alguien repite el trauma una y otra vez? Y bueno, se entiende que alguien tenga un fracaso y le pueda ir mal. Cualquiera fracasa, pero aprende de su fracaso.

Pero hay otros que no aprenden. Son atraídos por las mismas cosas una y otra vez.

Hay que aprender a vivir. Ésto es un arte y hay que aprenderla. Los golpes financieros, las malas decisiones, los errores nos deben enseñar algo.

Dice Deuteronomio:

> *Y te afligió, y te hizo tener hambre, y te sustentó con maná, comida que no conocías tú, ni tus padres la habían conocido, para hacerte saber que no sólo de pan vivirá el hombre, mas de todo lo que sale de la boca de Jehová vivirá el hombre. Tu vestido nunca se envejeció sobre ti, ni el pie se te ha hinchado en estos cuarenta años. Deuteronomio 8:3,4*

¿Há pasado hambre usted alguna vez? ¿Aprendiste algo?

Qué bueno, gloria a Dios y si no aprendiste vas a seguir pasando hambre hasta que aprendas.

Concepto # 10 Si no conoces el propósito de algo, abuso es inevitable

¿Y todo ésto para qué?

En Deuteronomio está el propósito.

> *...y digas en tu corazón: Mi poder y la fuerza de mi mano me han traído esta riqueza. Deuteronomio 8:17*

Ésto es lo que Dios detesta.

Que tú digas mira, lo logré porque soy inteligente, lo logré porque estudié y soy muy talentoso.

Lo logré porque soy bien parecido y soy guapo, y lo hice porque soy tremendo.

Eso es lo que Dios detesta. A Dios no le gusta eso, a Papá no le gusta eso.

Dios quiere que la gloria sea toda para Él. Él no la comparte con el género humano.

Él no comparte su gloria con nadie, Él no quiere que tú digas: *"Yo fui, fue mi habilidad, lo hice porque soy buen vendedor. Mi poder y la fuerza de mi mano me han traído esta riqueza".*

No.

> *Sino acuérdate de Jehová tu Dios, porque él te da el poder para hacer las riquezas, a fin de confirmar su pacto que juró a tus padres, como en este día. Deuteronomio 8:18*

El propósito es de confirmar su pacto.

¿Sabes por qué Dios está interesado en que tú estés prosperado en todas las cosas? Porque tú eres partícipe del pacto que él hizo con Abraham.

Sabes que ese pacto dice ¿Que la ley que vino después no la pudo invalidar?

No pudo invalidar ese pacto.

¿Cómo tú vas a andar diciendo a la gente que eres hijo de Abraham por ahí y te ven que andas mendigando?

"Oh yo estoy bendecido" y dicho sea de paso *"¿me prestas unos veinte dólares hermano? porque estoy un poco aplastado esta semana".*

No. Esto no habla bien de tu relación con Dios.

Si tú eres partícipe de ese pacto que Dios hizo con tu padre Abraham, es necesario que lo representes bien.

Cuando tú eres prosperado de la manera que Dios ha preparado, su pacto es confirmado en tí. Ésto es glorioso.

Dejando la mentalidad de crisis

La bendición de un equipo que funciona con baja adrenalina

Cuando no conocemos los principios que nos preparan para multiplicar capital, es muy difícil administrar una organización.

Siempre habrá crisis financiera.

¿Ha asistido usted o ha sido parte de una cruzada donde la última noche salen los líderes a la plataforma a levantar una ofrenda de emergencia?... ¿Ha notado la presión que ponen sobre la gente?

Parecería que un equipo que continuamente tiene presión financiera es un equipo dinámico que funciona con alta adrenalina, pero la realidad es que ésto no es saludable ní positivo.

Prefiero trabajar en un equipo donde nunca hay crisis financiera. Un equipo proactivo, que planea estratégicamente su economía con tiempo. No crisis. No drama.

Podrías llamarle *"un equipo con baja adrenalina"*, pero yo veo los beneficios de trabajar sin presión, con un ritmo estable, firme pero eficaz y con logros constantes.

Para lograr trabajar con esta dinámica, es necesario que aprendámos a crear un continuo capital de operaciones.

7

LIDERAZGO INSPIRACIONAL

Relevancia

Para que el liderazgo inspire a otros debe tener relevancia.

Relevancia = Calidad o condición de relevante, importancia, significación[16].

Relevante tiene su origen en el vocablo latino *relevans* que, a su vez, procede de *relevare* ("alzar", "levantar"). Se trata de algo significativo, importante, destacado o sobresaliente.

Adaptación cultural

> *En cualquier ciudad donde entréis, y os reciban, comed lo que os pongan delante...*
> *Lucas 10:8*

¿Qué estaba Jesús haciendo cuando entregó esta orden a los setenta?

Les estaba enseñando adaptación cultural.

Esta orden representa un concepto general y esto no se trata solamente de comida.

La idea detrás de la frase se pudiera consolidar en un dicho muy antiguo: *"Cuando vayas a Roma, haz como los romanos"*.

Relevancia en Comunicación

> *Belleza de estilo, armonía, gracia y el buen ritmo dependen de simplicidad.*
> *-Platón*

El mensaje debe ser corto y preciso. La era de los sermones largos ha terminado.

Instrucciones específicas minimizan el margen de error

Uno de los problemas más graves que he notado que está sucediendo en la preparación de eventos en los últimos meses parece ser *"comunicación"*.

Y no es que no hablemos. Más bien parece ser que muchos amados muestran tener problema con *"seguir instrucciones"*.

Será ADD (Attention Deficit Disorder) o (síndrome de déficit de atención), o nuestra idiosincrasia latina de "más o menos" o "al rato lo hacemos" o "ahí se va" lo que ataca directamente al deseo de hacer las cosas con excelencia.

Y si es para Cristo, todos estamos de acuerdo en que *"debemos hacer lo mejor"* y hacerlo con *"excelencia"* ¿cierto?

> *Y todo lo que hagáis, hacedlo de corazón, como para el Señor y no para los hombres...*
> *Colosenses 3:23*

Bueno. No se pueden hacer las cosas con excelencia si no se escucha bien cuales son las instrucciones y se siguen al pie de la letra. De no ser así, existirá *"espíritu de confusión y desorden"* y eso no es de Dios.

Dios es un Dios de orden (1 Corintios 14:40).

En este día exhorto, primero a nuestro equipo de trabajo, luego a todo el que quiere que laboremos juntos en la viña y a todo aquel que quiere hacer bien hechas las cosas que son para nuestro Dios. El Rey y Señor de toda la tierra.

Propongo tres precauciones a tomar cuando hacemos acuerdos o emprendemos la preparación de algo.

1- Seamos específicos. ¿Quién va a llegar? ¿A qué hora? ¿Por cuál línea aérea? ¿Quién está designado a esperarlo? ¿Quién va a cantar antes del mensaje? ¿Cuántos cantos va a cantar? ¿Quién es el ingeniero a cargo del sonido que pondrá la pista? ¿Dónde es la reunión? ¿Quién está a cargo del edificio? ¿Quién tienes las llaves y dónde se apagan las luces?

2- Pongamos todo por escrito. Nosotros tenemos la costumbre de enviar croquis para el diseño de plataforma, luces, sonido así como registros específicos para cada persona que va a participar, ya sea en seguridad, consejería, intercambios musicales, o cualquier otra persona trabajando en un evento. Si esos registros se llenan y siguen al pie de la letra, la administración sabrá quién está a cargo de qué. Así evitaremos tener 500 voluntarios corriendo de un lado para otro sin dirección.

Debemos escribir cada trato, cada dirección, cada arreglo, y aún en el día del evento donde los directores de cada área dán instrucciones verbales, éstas van basadas en un protocolo que ya está escrito.

3- Repítalo otra vez. Si no estamos seguros de algo, pida que se repita. Si no se entiende una palabra, pida un sinónimo. No tomemos nada por sentado si no estamos seguros de lo que se está diciendo.

Como líderes debemos ser específicos. Así evitaremos:

1. Malos entendidos.

2. Disgustos entre co-equiperos.

3. Sorpresas no gratas.

4. Atrasos en la producción de frutos.

Recuerde este principio principal de liderazgo.

Creatividad y Color

Siempre han existido personas prácticas. Gente estructurada, disciplinada, en los cuales pragmatismo es la regla y el estilo que rige sus vidas.

El orden que existe en éstos es tan efectivo que los mismos tienden a ser exitosos en la continuidad y permanencia de grandes empresas.

Es este orden, señal de madurez y el resultado de gran persistencia y arduo trabajo, y en realidad son estas cualidades las que permiten que alguien triunfe en cualquier obra, ya sea espiritual o empresarial.

Emprendedores son Soñadores

Con todo lo buenos que son la disciplina y el orden, ésto no garantiza que una persona pueda triunfar en determinada obra.

Aunque éstas cualidades son importantes e indispensables para la continuidad y desarrollo de aquello que se ha comenzado; se necesita el espíritu emprendedor para comenzar dicha obra, y la realidad es que no se puede emprender algo si no se sueña primero.

Cuando hablo de soñar, no me refiero a la experiencia que sucede a todo ser humano cuando recuesta su cabeza en la almohada. De los sueños a los cuales me refiero es de aquellos que nacen de la imaginación.

Sí. Necesitamos personas con gran imaginación para diseñar la máquina que otros con disciplina y orden mantendrán funcionando.

Cosas que no se aprenden

Disciplina y orden es algo que se aprende. En realidad repetición no necesita mucha inteligencia.

Una persona que se levanta temprano y va a trabajar y hace lo mismo todos los días es alguien admirable, pero no necesariamente inteligente. Podemos aprender y acostumbrarnos a hacer cosas mecánicas que producirán grandes frutos y para esto no se necesita mucha imaginación.

Imaginación es algo que no se aprende. Ésto es algo que brota del alma. En realidad es un misterio, pero aún cuando no se pueda lógica o matemáticamente explicar; es *"imaginación"* el elemento indispensable para todo aquello que requiera un diseño, y la verdad es que todo lo que se vaya a emprender necesita un diseño.

Me admiro al ver los grandes rascacielos en diferentes ciudades del mundo. ¡Qué belleza de construcción! Algunos parecen estar tocando con los dedos al mismo cielo.

Éstos demuestran la creatividad y el ingenio que Dios ha depositado en la mente del ser humano.

Lo más tremendo es que cada uno de esos proyectos comenzó en la imaginación de algún arquitecto.

Todo comienza en la imaginación

Ésto es algo poderoso.

Aún la creación, que es tan precisa; comenzó en la mente de Dios. Dios es un Dios de diseños.

Usted puede notar cuando Dios le dio a Moisés las instrucciones para hacer el tabernáculo, como hay gran atención en las medidas y los detalles.

Yo creo que la imaginación es un don. Es algo que Dios regala a unos. No se aprende. En la mayor parte de los casos, no se puede explicar.

Y es esa imaginación, el motor impulsor detrás de tu sueño.

Aquello que te emociona. Que a nadie más se le ha ocurrido. Que parece imposible de lograr. Que si se lo cuentas a alguien, dirá que estás divagando o padeces de repentina locura.

Aquello que alguien te dijo que no podías hacer. Donde las reglas convencionales no aplican. Ese es tu sueño. Esa es tu misión.

Atrévete a soñar.

Creatividad e imaginación

Recuerdo estando en el colegio años atrás, que la profesora nos instó a usar nuestra imaginación en un trabajo de composición creativa "creative writing". Ella dijo: *"Deben usar su imaginación, incluir elementos pintorescos, que traigan colorido al escrito"*.

Es importante a la hora de realizar nuestro servicio a Dios, lo hagamos con la mayor creatividad. Nosotros los que somos llamados a presentar el mensaje de Cristo, debemos buscar moldes y maneras en que ese mensaje sea relevante a la generación o cultura que tenemos presente.

Es por eso que a la hora de formar un proyecto, ya sea evangelístico, de iglesia, o misiones, usemos todas las formas que tenemos a nuestra disposición, comenzando con el diseño de dicho proyecto.

Profetas danzando

> *Después de esto llegarás al collado de Dios donde está la guarnición de los filisteos; y cuando entres allá en la ciudad encontrarás una compañía de profetas que descienden del lugar alto, y delante de ellos salterio, pandero, flauta y arpa, y ellos profetizando. 1 Samuel 10:5*

Me cuesta trabajo a mi saber que estos profetas traían salterio, pandero, flauta y arpa y no hayan venido danzando.

La imagen que tengo de estos profetas al leer este pasaje es de profetas alegres, llenos de gozo, los cuales dentro de todo, éstos están profetizando. Ésto lo vemos más tarde en el verso once, cuando Saúl comenzó a profetizar entre ellos, cosa que produjo un dicho entre el pueblo: ¿Saúl también entre los profetas?

Es una representación gráfica y creativa la manera en que estos hombres comunicaban el mensaje.

Cuando usted estudia a los profetas, puede notar que estos poseían maneras muy creativas de entregar sus mensajes.

En ocasiones estos mensajes eran actuados o representados de una manera tan gráfica que los recipientes no tenían espacio para malinterpretarlos.

El mensaje era comunicado efectivamente.

Agabo

> *Y permaneciendo nosotros allí algunos días, descendió de Judea un profeta llamado Agabo, quien viniendo a vernos, tomó el cinto de Pablo, y atándose los pies y las manos, dijo: Esto dice el Espíritu Santo: Así atarán los judíos en Jerusalén al varón de quien es este cinto, y le entregarán en manos de los gentiles. Hechos 21:10,11*

Es tremendo ver la manera visible que el profeta usa para comunicar efectivamente el mensaje. Este tomó el cinto de Pablo y se ató los pies y las manos.

Existe un dicho muy antiguo que dice que *"una imagen habla más que mil palabras"*... vaya, aquí está en aplicación.

Para explicar la manera en que el Apóstol habría de ser atado, Agabo se ató las manos y los pies.

Usted dirá: *"Bueno, en realidad esa fue una profecía y fue inspirada por el Espíritu Santo"*...

Claro, así es. Y ya hemos dicho que Dios es un Dios de diseños... ¿de dónde cree usted que vino la inspiración de atarse las manos y los pies?

Lo que salió de la boca de Agabo fue inspirado por Dios, y el despliegue de lo actuado también fue inspirado por Dios.

Debemos dejar que Dios nos inspire no solo lo que hablamos, también la manera en cuanto a cómo lo comunicamos.

Ezequiel

Varios eventos me vienen a la mente cuando recuerdo las drásticas maneras usadas por el profeta para entregar los mensajes que Dios le daba. Más aun. Me llama la atención cómo Dios mismo participa, no solo en el mensaje sino también en la forma que es entregado.

> *Y tú, hijo de hombre, tómate un cuchillo agudo, toma una navaja de barbero, y hazla pasar sobre tu cabeza y tu barba; toma después una balanza de pesar y*

divide los cabellos. Una tercera parte quemarás a fuego en medio de la ciudad, cuando se cumplan los días del asedio; y tomarás una tercera parte y la cortarás con espada alrededor de la ciudad; y una tercera parte esparcirás al viento, y yo desenvainaré espada en pos de ellos.

Tomarás también de allí unos pocos en número, y los atarás en la falda de tu manto. Y tomarás otra vez de ellos, y los echarás en medio del fuego, y en el fuego los quemarás; de allí saldrá el fuego a toda la casa de Israel.

Así ha dicho Jehová el Señor: Esta es Jerusalén; la puse en medio de las naciones y de las tierras alrededor de ella. Y ella cambió mis decretos y mis ordenanzas en impiedad más que las naciones, y más que las tierras que están alrededor de ella; porque desecharon mis decretos y mis mandamientos, y no anduvieron en ellos.

Por tanto, así ha dicho Jehová: ¿Por haberos multiplicado más que las naciones que están alrededor de vosotros, no habéis andado en mis mandamientos, ni habéis guardado mis leyes? Ni aun según las leyes de las naciones que están alrededor de vosotros habéis andado. Así,

*pues, ha dicho Jehová el Señor: He aquí
yo estoy contra ti; sí, yo, y haré juicios en
medio de ti ante los ojos de las naciones.*
Ezequiel 5:1-8

Me atrevería a decir (y mi teología pudiera estar mal, ¡Que los teólogos me juzguen!) que existe algo artístico en la manera en que este mensaje ha sido entregado.

Toma gran imaginación para haber usado los cabellos del profeta para representar los juicios que habrían de venir sobre Jerusalén. Y... ¿de dónde viene esta imaginación?

Por supuesto, proviene del que le dio la palabra al profeta. El Dios del universo. Él es creativo... después de todo ¿de dónde proviene la creación?

De ahí que yo creo muy profundamente que creatividad debe estar envuelta en todo lo que hacemos. Especialmente *"en todo lo que hacemos para Dios"*.

Ritmo

Existen varios poetas que han influido mi manera de pensar, especialmente aquellos como José Martí[17], a cuyos versos fui sometido desde mi niñez.

En mis estudios superiores fui también expuesto a otro tanto. Algunos de los cuales, frases he usado en este libro y otros que aunque no comparto sus puntos de vista filosóficos, respeto su habilidad de coordinar ideas y el fluir de sus palabras.

Sin embargo, me interesa sobre todos éstos la manera poética en que un Santo Dios entrega el mensaje a su pueblo.

La Biblia nos presenta mucho texto en forma de poema.

Aunque estamos acostumbrados al ritmo de sonidos en nuestra poesía moderna, o sea, a ver la poesía impresa en forma de versos y estrofas; en la Biblia encontramos más a menudo poesía en la que riman las ideas más que los sonidos.

Alrededor del 40 por ciento del Antiguo Testamento es poesía.

La mayor parte de la poesía bíblica aparece en el Antiguo Testamento en fragmentos de los libros históricos, en pasajes entremezclados con las porciones en prosa de los profetas, y en seis libros que son poéticos en su totalidad o en gran parte.

Entre las materias principales de estudios de las antiguas escuelas de los profetas, la poesía y la música sagradas ocupaban una honrosa categoría.

En los libros históricos del Antiguo Testamento hay casos en que se emplea poesía para ilustrar el relato y para hacer vívida la narración.

Una de las características típicas de la literatura bíblica consiste en que aparecen lado a lado la narración en prosa y la celebración poética del suceso histórico.

Un ejemplo aparece después del relato del cruce del Mar Rojo por los hijos de Israel. Aquí aparece la celebración lírica de la destrucción de los egipcios y la liberación de Israel, conocido como *"el cántico de Moisés y de María" (Ex 14, 15).*

Otro ejemplo aparece a continuación de la narración en prosa de la derrota de Sísara, capitán de los ejércitos del rey cananeo Jabín, a manos de los israelitas comandados por Débora y

Barac. Aquí vemos lo que se conoce como el canto de Débora y Barac (Jueces 4, 5).

En todos los libros del Pentateuco, excepto Levítico, existen pasajes poéticos.

Hay seis en Génesis

El canto de Lamec, 4: 23, 24

La maldición de Noé sobre Canaán y la bendición para, Jafet, 9: 25-27

La profecía de Dios a Rebeca, 25: 23

La bendición de Isaac, para Jacob, 27: 27-29

La bendición de Isaac para Esaú, 27: 39, 40

La bendición de Jacob para sus hijos, 49: 2-27

En Éxodo

Es el soberbio cántico de Moisés y María, 15: 1-18, 21

Números tiene los siguientes ejemplos

La bendición aarónica, 6: 24- 26

Fórmulas para levantar y asentar el arca, 10: 35, 36

El canto del valle, 21: 14, 15

El canto del pozo, 21: 17, 18

La caída de hesbón, 21: 27-30

Los oráculos de balaam, 23: 7-10, 18-24; 24: 3-9, 15-24

Deuteronomio presenta

Las maldiciones, 27: 15-26

El canto de moisés, 32: 1-43 y

La bendición de moisés para las doce tribus, 33: 2-29

Josue

La orden de Josué al sol y a la luna, 10: 12, 13

Jueces

Tiene el canto de Débora y Barac, 5: 1-31 y los enigmas de Sansón, 14: 14, 18; 15: 16.

Rut

Incluye el pacto de Rut con Noemí, 1: 16, 17,

1 Samuel

Tiene el agradecimiento de Ana, 2: 1-10 y trozos de canciones populares para alabar a David, 18: 7; 21: 11.

2 Samuel

Tiene el lamento de David 1: 19-27; la elegía de David por la muerte de Abner, 3: 33, 34, el canto de victoria de David, 22: 2-51 (ver. Sal. 18); y las últimas palabras de David, 23: 1-7.

En 1 Crónicas

Aparece el cántico de David para la instalación de arca, 16: 8-36.

En 2 Crónicas

Hay coros poéticos en 5: 13; 6: 1, 2; 7: 3; 20: 21; y la parte final de la oración de Salomón, 6: 41, 42.

Mensajes poéticos en los profetas

Los libros proféticos del Antiguo Testamento presentan una contribución única en su género a la literatura universal con su fusión de prosa y poesía en secuencia continua.

En estos libros están entremezclados la historia profética, el discurso oratorio y la celebración poética.

El profeta escribe las palabras de profecía divina; habla con vibrantes períodos y frases equilibradas de la oratoria sublime, reprendiendo, suplicando, amonestando y consolando a su pueblo extraviado, además entreteje en la obra literaria inspirada, melodías de poesías líricas.

Estas formas son totalmente desconocidas en otras literaturas del mundo.

Profetas mayores

Los primeros 39 capítulos de Isaías están formados por pasajes entremezclados de prosa y poesía; pero los capítulos 40-66 de este libro profético son casi exclusivamente poesías.

Los capítulos 1-31 y 46-51 de Jeremías presentan una combinación de prosa y poesía.

Hay unos pocos casos de poesías en Ezequiel y Daniel.

Profetas menores

La mayoría de los profetas conocidos como menores también contienen gran elocuencia y ésta es notable en las expresiones, excelsas cadencias de la poesía lírica.

En los libros poéticos

Cinco libros del Antiguo Testamento pueden ser considerados como poéticos pues están formados, total o principalmente, por literatura en forma de verso.

Salmos, Proverbios, Lamentaciones, Cantar de los Cantares y Job.

Salmos, Lamentaciones y Cantar de los Cantares son solamente poesías.

Job es mayormente poesías, sólo su prólogo y su epílogo están en prosa.

Proverbios es filosofía práctica en forma de poesía.

Eclesiastés tiene una porción considerable de hermosa poesía.

Salmos

Los salmos son la quintaesencia de la poesía lírica. En la profundidad de su sentimiento y excelsitud de sus propósitos, en su revelación completa de los pensamientos e interrogantes íntimos del espíritu humano, en la hermosura y delicadeza, y a veces vigor y majestad de su expresión, no tienen rival en las expresiones más excelsas de la poesía lírica secular. Porque ¿cuál otra poesía puede elevarse a las cumbres que la poesía cuyo tema es el alma del ser humano en busca del Dios eterno? Así como lo espiritual y eterno trasciende lo natural y efímero, también la poesía de los Salmos sobrepuja aún los mayores tesoros líricos del mundo.

Proverbios

La forma literaria característica de los Proverbios es el mashal, o unidad proverbial, un simple dístico de dos líneas paralelas que expresan con muchísima concisión una verdad axiomática y evidente por sí misma.

La forma que prevalece es la del paralelismo antitético o contrastante. Por ejemplo:

> *En las muchas palabras no falta pecado;*
> *Mas el que refrena sus labios es prudente*
> *Prov 10: 19*

Pero hay también numerosos casos de paralelismo sinónimo, como éste:

"El corazón del entendido adquiere sabiduría; Y el oído de los sabios busca la ciencia" (Prov. 18: 15) y de paralelismo sintético:

> *Escucha el consejo, y recibe la corrección,*
> *Para que seas sabio en tu vejez...*
> *Prov 19: 20*

Esta unidad proverbial es el molde literario empleado en toda la temática de los caps. 10: 22 a 16: 33; y también se halla en forma irregular a lo largo de todo el libro.

A menudo la sabiduría de Proverbios toma la forma de monólogos (1: 20-33; 7: 1 a 8: 36), de pequeños poemas (4: 10-19; 9: 1-18; 24: 30-34), de epigramas (23: 19-2 1, 26-28,

29-35), y un soberbio poema acróstico o alfabético con que termina el libro: el poema acerca de la mujer virtuosa (31: 10-31). Este consta de 22 versos, y cada verso comienza con una letra del alfabeto hebreo en su orden regular.

Así, en una variedad de formas, los Proverbios alcanzan su propósito: inspirar reverencia para con Dios, exaltar la sabiduría e instruir en las virtudes prácticas.

Lamentaciones

En hebreo el libro de Lamentaciones exhibe una estructura poética particular: su métrica es la del ritmo de qinah, y su forma general es acróstica o alfabética. En el ritmo de qinah cada línea tiene cinco tiempos, tres en la primera mitad y dos en la segunda, con lo que produce el efecto de un largo crescendo seguido por un decrescendo más corto, como si el dolor se elevase a su altura y luego se desvaneciera más rápidamente.

Cantar de los Cantares

El Cantar de los Cantares es el único libro de la Biblia que consiste exclusivamente en poesía escrita en forma de diálogo. Es un hermoso ejemplo de un poema idílico oriental. Las gráficas imágenes que se presentan en rápida sucesión a lo largo del libro son características de este tipo de poesía. Es difícil que la mente occidental comprenda y aprecie la franqueza de estas imágenes. El advertir la naturaleza figurada del lenguaje de este tipo de poesía ayudará a comprender el mensaje del libro.

Job

Sin duda la producción más artística del genio literario hebreo es el libro de Job.

El tema de Job es el problema antiquísimo del sufrimiento humano. En sin mundo creado y sostenido por un Dios justo y bondadoso, ¿por qué debe sufrir un hombre bueno?

En una narración de dimensiones épicas, un dramático diálogo intenta resolver el problema.

El libro de Job es notable por la elevación de su tema y por sus alcances, por la hermosura y variedad de sus descripciones de la naturaleza y lo abarcante de sus efectos escénicos en la tierra y el cielo, y porque reconoce la presencia de Dios en la experiencia humana y penetra profundamente en la naturaleza de la redención y la realidad de un Redentor.

Eclesiastés

El libro de Eclesiastés, o El Predicador, es obra de Salomón, "el mayor, el más rico y el más sabio de los reyes" lo escribió a fines de su vida cuando, después de haber malgastado años en procurar la satisfacción de los placeres de este mundo, comprendió la impiedad de su camino y se volvió a Dios.

Aunque la mayor parte del contenido de Eclesiastés está en prosa, hay magníficos pasajes poéticos en todo el libro, que culminan con el poema "Acuérdate de tu Creador" (12: 1-8), que es un ejemplo extenso del uso de figuras de dicción común en el Cercano Oriente.

Individualidad y Uniformidad

Es increíble la diversidad de operaciones que el Espíritu Santo está levantando en ministerios que están afectando naciones.

> *Ahora bien, hay diversidad de dones, pero el Espíritu es el mismo. Y hay diversidad de ministerios, pero el Señor es el mismo. Y hay diversidad de operaciones, pero Dios, que hace todas las cosas en todos, es el mismo. 1 Corintios 12:4-6*

Mi amigo Scott Free[18] es un artista de Hip Hop (una subcultura desarrollada en Estados Unidos en los últimos años). Scott usa ritmos, y diferentes géneros musicales para alcanzar jóvenes metidos en todas las perdiciones y desviaciones que existen en dicha cultura, especialmente en áreas urbanas.

Su ministerio es un ejemplo de cómo Dios usa modelos poco comunes para alcanzar un sector específico de la sociedad con el mensaje de salvación.

Mi amigo Tom Miyashiro[19] *"Tom the bomb"* tiene un ministerio evangelístico dedicado a alcanzar jóvenes dentro de las escuelas. Dios le ha dado la habilidad de penetrar centros educativos con el evangelio y jóvenes vienen a los pies de Cristo en sus alcances.

Mi amigo Jason Schwinabart[20] tiene la habilidad de hacer cosas en una bicicleta que pocas personas pueden hacer. El hace presentaciones para jóvenes en escuelas o lugares públicos trabajando en coordinación con otros ministerios. Los jóvenes son atraídos por las bicicletas y él les da Cristo.

En Venezuela conocí un ministerio de taxis[21]. Estos jóvenes invaden los taxis de una ciudad, y en cuestión de minutos entre una parada y otra, ellos presentan el evangelio y muchos son ganados para Cristo en los taxis.

En Costa Rica conocí una compañía de teatro que transmite el mensaje de Jesucristo por medio de sofisticadas coreografías[22]. Me tocó en un evento verlos antes de que me tocara ministrar. Estos vinieron vestidos de trabajadores de tránsito con cascos color naranja en sus cabezas. Su presentación impactó tan tremendamente a las vidas que estaban presentes que cuando nos tocó ministrar a los que traíamos la palabra, ya muchos habían sido quebrantados por el poder de Dios. Es fácil comunicar el mensaje de salvación después que estos muchachos han preparado el corazón de tanta gente.

Como escribí antes, acá en el ministerio hemos tenido que desarrollar y transformar nuestros moldes.

En nuestros eventos en estadios y plazas de toros hemos integrado dramas, mimos, payasos, presentaciones culturales y otras formas para alcanzar a muchos.

De hecho. La estructura de todo lo que hacemos ha sido revisada y ajustada; y como escribí anteriormente, este proceso ha sido una transición casi inconsciente.

Es Dios quien está ajustando los moldes.

Creatividad es un elemento principal en todo lo que hacemos.

Simplicidad

Mantener las cosas simples, es en realidad un arte. El maestro que trata de impresionar a sus alumnos con conceptos complicados y palabrería técnica, suele perderlos antes de consumar su primera lección.

> *"belleza de estilo, armonía, gracia y buen*
> *ritmo dependen de simplicidad" –Platón*

Puede ser un reto simplificar las cosas, sin embargo es necesario que como maestros aprendamos el arte de simplificar las cosas.

He aprendido esto con los años, y después de tener algunas malas experiencias. En el pasado me sucedió (más de una vez) que traté de darle toda la información a los estudiantes (creyendo yo que toda esa información era importante) y en el proceso no fui muy favorecido por el reloj.

No solo que la clase se hizo larga y complicada, también los estudiantes perdieron el sabor de la lección en el proceso. Y esto sería bueno si por lo menos estos habrían podido entender de qué se trataba la clase.

La cuestión es que aun si todo el material que tenemos que compartir es importante, debemos sacar lo más importante de lo importante (valga la redundancia).

Sí.

Debemos ser expertos en tomar todo lo que es importante y de ahí sacar lo imprescindible.

La idea es esta:

Por tan importante que sea todo lo que tenemos para entregar...

1. La restricción del tiempo hará que no podamos entregarlo todo.

2. La mente común está limitada por la cantidad de información que puede procesar.

3. La mucha información produce cansancio.

4. La mente solo asimila cosas en intervalos.

Explicando este último punto.

Las investigaciones sobre este tema indican que en circunstancias normales, no se puede fijar la atención más de veinte minutos, además, del hecho de que de todo lo que se percibe y experimenta, sólo se puede recordar conscientemente alrededor de un veinte por ciento[23].

De ahí que los que enseñamos o predicamos, ya sea desde púlpitos o en cuartos de clases en distintos niveles de educación, debemos buscar la manera de mantener a la audiencia envuelta en el proceso de la enseñanza.

Ideas que nos pueden ayudar a simplificar información y retener la atención de los oyentes durante la presentación:

- Respetar los descansos y no prolongar las exposiciones más del tiempo prudente recomendado.

- Matizar las clases con ejemplos relacionados con la actualidad.

- Incentivar a los alumnos u oyentes a realizar preguntas o hacerles preguntas relacionadas con lo que estás enseñando.

- Incluir diseños, gráficos o bien imágenes, diapositivas o videos, ya que la percepción gráfica ayuda a prestar atención y a registrar en la memoria mucho más que un extenso y aburrido monólogo.

- Hablar con matices y no en forma monótona, repitiendo y poniendo énfasis en lo que es esencial.

- Aprender a ser elocuente, que significa adquirir la capacidad de mantener el interés del público mediante una forma de hablar que deleite, convenza, impresione y conmueva y que además logre despertar la curiosidad del que escucha.

También existen técnicas para que el oyente pueda prestar más atención, cuando la disertación se convierte en algo monótono que hace que la mente divague:

- Tomar apuntes de los conceptos esenciales, ya que esta tarea exige realizar una operación más compleja que la atención, como es la abstracción. De esta manera la persona puede mantenerse alerta, favorecer el registro de los contenidos o evitar ser invadida por sus propios pensamientos.

- Participar haciendo preguntas sobre lo que no se entiende y además sirve para aclarar las dudas.

- Involucrarse en los temas que se están tratando y tomar una posición, adoptando una actitud crítica e intentando ver otros aspectos que no se han tenido en cuenta, o que se ignoran, para poder sostener determinadas formas de pensar.

- Comprometiéndose, porque si no hay compromiso, disminuye el interés, la motivación y es imposible prestar atención.

Por supuesto, no todo es técnico. No podemos ser robots y siempre seguir una lista mecánica para simplificar las cosas ya que cada persona posee sus propios dones.

De hecho, la lista anterior aplica más a maestros en instituciones donde la enseñanza está muy estructurada. Donde el maestro recibirá un grueso libro al principio del semestre y una cantidad limitada de horas para exponerlo.

Algunos de nosotros que nos movemos más por inspiración y que durante la predicación tomamos direcciones repentinas guiados por la unción del momento, creo que es muy productivo que mantengamos siempre presente cuatro cosas.

1. Simplificar la entrega a los menos puntos posibles (el antiguo mensaje de tres puntos todavía funciona, y por alguna razón tantos grandes predicadores del pasado usaron ese estilo).

2. Usar ejemplos gráficos. Si no son dibujados o proyectados en forma de fotos o videos, que sean ilustraciones vívidas y descriptivas.

3. Mantenerlo real. Usemos historias de la vida real (cosas que nos han acontecido personalmente). Recuerde que personas conectan con personas.

4. Excluye todo lo que no es indispensable. Los predicadores tenemos la tendencia de poner mucha grosura en el plato. Como en los sacrificios antiguos, debemos quemar las grosuras. Hay cosas que no son necesarias en el mensaje.

Siguiendo la célebre frase de Platón.

Belleza de estilo: El don da estilo propio, aun así, Pablo nos enseña a "adornar la doctrina". Diseñe el paquete en el cual el mensaje viene envuelto.

Armonía: Como una orquesta, todas las ideas deben ir en un acorde. Mantengámonos dentro del tema.

Gracia: Entreguemos el mensaje con buen humor. Dios no está enojado. Jesucristo ya llevó sobre él mismo la ira de Dios. Predique en amor. No regañando. La exhortación no es regaño.

Buen ritmo: Las ideas deben ir entrelazadas, con continuidad. Debe existir un fluir de principio a fin de la entrega.

Todo depende de simplicidad.

Entreguemos el mensaje de manera sencilla, para que la abundancia de información no sea un tropiezo. Para que todos puedan entender y así sean edificados.

8

LIDERAZGO TRANSPARENTE

Autenticidad y los Millennials

Los millennials. La generación más grande.

Aquellos nacidos entre el 1981 y 1997, ha sido una generación formada por intensos sucesos y cambios. Experimentaron el ataque más grande a nuestra nación el 11 de Septiembre del 2001, la gran recesión económica del 2008, la elección del primer presidente no procedente de la raza blanca y el gran surgimiento del internet global. Comparada con otras generaciones, los millennials se muestran menos interesados en matrimonio, religión, ejército o partidos políticos.

Pero una cosa si valora este generación. Autenticidad.

Ellos no serán impresionados por el carisma o personalidad de un líder. No son seguidores, tienden a ser más pensadores con mucho individualismo.

Valoran la honestidad y la verdad, y tienen a su mano las

fuentes de información para comprobar si lo que se les dice es verdad y además si tiene sentido.

Es por eso que los predicadores que manipularon otras generaciones proyectando tener un conocimiento o revelación única o superior, no pueden impresionar a esta generación, y esto es muy bueno. Esto hace que legitimidad y transparencia sean constantes en la vida de la iglesia y el liderazgo cristiano.

Por otro lado, la autenticidad no se puede fingir. Entonces alguien que trate de proyectar ser auténtico sólo por el hecho de alcanzar a los milenios no pasará la prueba.

Yo creo que estamos en un tiempo donde todo fundamento es sacudido y solamente todo lo que es solo y verdadero tendrá una verdadera función dentro del cuerpo de Cristo. Esto es buenas noticias.

Como publicar tus defectos

Los días de predicadores superhombres que proyectaban tener todos sus problemas resueltos ya han terminado.

La presente generación aprecia y respeta más a un líder que no esconde su humanidad.

Como comunicador, conferencista, predicador, no temas que tus defectos sean visibles.

Los millennials a parte de valorar autenticidad, también es una generación que posee gran tolerancia y aceptación hacia aquellos que no llegan a la marca.

Generaciones anteriores juzgaban más duramente a personas

que fuesen diferente a ellos o que cometieran un error. Fueron generaciones más fariseas, más legalistas, y menos tolerantes.

Con esto en mente, el líder de hoy no debe tener miedo en exponer sus defectos.

- Habla de los problemas que enfrentas

- Habla de la enfermedad

- Habla de tus dudas

- Habla de tus conflictos internos

- Tu audiencia apreciará tu sinceridad

Se transparente.

Integridad práctica

En América Latina han existidos muchos abusos de partes de líderes cristianos, especialmente en el área de eventos masivos.

Usted vió como un predicador famoso vino a una ciudad y llenó un estadio y recogió tres ofrendas antes de predicar. En ocasiones hasta con profecías directas ofreciendo beneficios materiales a cambio de donaciones. Estas prácticas han dañado a mucha gente.

Nosotros como equipo hemos tenido que enfrentar los escepticismos de parte de los pastores en ciudades cuando vamos a desarrollar un proyecto de festival.

Para poder contrarrestar los efectos de los daños que han

causado otros que vinieron antes a esa ciudad, hemos tomado medidas saludables, por ejemplo:

- No recogemos ofrendas en los eventos

- Las entradas a los conciertos y talleres y a todo lo que está pasando en el festival es gratis

- No se le pide dinero a las iglesias locales

- No se vende nada en el festival

Además, nuestro equipo trabaja arduamente trayendo labores humanitarias y proyectos de beneficio público, para mejorar las vidas de los habitantes de esa ciudad.

Usted se preguntará, ¿entonces cómo hacen para pagar por todo eso?

Buena pregunta, pues todo cuesta dinero.

Para sufragar los gastos de un proyecto procuramos asociarnos con organizaciones y entidades que piensan igual que nosotros.

Además confiamos que si es la voluntad de Dios que llevemos a cabo un proyecto, Él proveerá los donadores y personas que crean en lo que estamos haciendo y sientan en su corazón invertir en ello.

Nuestros socios reciben un reporte transparente y bien explicado en cuanto a cómo se usó cada centavo invertido en el proyecto.

Carácter y Comportamiento Moral

Yo creo que quienes pueden hablar más por ti y dar testimonio de tu vida, tu carácter, tu decencia y moralidad, son primeramente tu familia y luego tu equipo.

La esposa y los hijos de un líder reflejan el espíritu de ese líder. Esto no quiere decir que estos están exentos de error. Un gran líder tendrá hijos que atravesarán la adolescencia como cualquier otra familia y tendrán pruebas familiares como todos. Sin embargo, el carácter e integridad del líder será probado en todas las circunstancias de su vida y al final, este seguirá mostrando firmeza y estabilidad espiritual, lo cual es el sello de su carácter.

El otro factor es el equipo. Aquellos que continuamente están a tu alrededor, en la oficina, en el avión, en los eventos. Estos te ven operar bajo presión. Enfrentar obstáculos y ataques, y continuamente ven como reacciones. Ellos te ven cansado y ven tu humanidad.

Especialmente aquellos que llevan años trabajando contigo y todavía están a tu lado. Eso habla muy fuerte de tu carácter como líder y como ser humano.

Un buen líder es la misma persona cuando está en casa, cuando está en la oficina, y cuando está hablando en público. Esto lo hace honesto y sincero.

9

LIDERAZGO y SISTEMAS
Proceso es más importante que metas

Posiblemente ya estemos saliendo de lo que fué una generación obsesionada con metas.

En los últimos veinte o treinta años hubo un auge en la cantidad de libros y métodos en cuanto a cómo ponernos y conquistar metas.

Esto ha sido parte el el énfasis que la generación de los baby boomers puso en el área de producción y rendimiento.

Créame que yo vengo de ese trasfondo, y creo profundamente en trabajar arduamente y ser productivo. La dedicación al trabajo es un valor saludable y bueno.

Sin embargo, estoy seguro que podemos lograr llegar al mismo fin deseado sin la presión y el stress que producen algunos de los métodos que se enseñan en cuanto a conquistar metas.

El otro problema es que la presión que hemos puesto en producir resultados es tal, que en muchas ocasiones hemos ligado nuestra identidad a lo que producimos. En otras palabras, corremos el peligro de poder llegar a pensar que valemos lo que producimos.

La presión que nos auto-imponemos de *"producir"* es un enemigo que roba la paz.

Tu victoria está en *"quien eres"* NO en *"qué produces"*.

Nuestra identidad no debe reposar en lo que producimos o en el logro de nuestras metas. Esta reposa en el hecho de que Cristo está en nosotros, y ya estámos completos en Él.

Nuestra seguridad es completamente independiente de nuestros logros.

> *...y vosotros estáis completos en él, que es*
> *la cabeza de todo principado y potestad.*
> *Colosenses 2:10*

Un camino más excelente

Yo creo que aunque sí es importante que tengamos visión clara en cuanto hacia dónde vamos, no debemos poner un énfasis desmedido en las metas.

En lugar de metas, por qué no pensamos en sistemas, en hábitos, los cuales nos llevarán al mismo lugar con la diferencia que lo haremos sin presión y disfrutaremos más el proceso.

Permítame compartir con usted algunos pensamientos sobre por qué la práctica de crear buenos hábitos es importante para que vivamos una vida mejor, más sencilla y con mayor gozo.

Hábitos en lugar de metas

Si usted necesita perder 100 libras de peso, ésto pudiera crearle mucha presión. ¿Por qué no nos concentramos en sólo perder una pocas libras por ahora?

Podríamos crear algunos hábitos saludables que con el tiempo produzcan resultados. Concéntrate en perder una libra y ya que has perdido esa libra, entonces celebra que has manejado bien ese nivel y continúa practicando ese nuevo hábito. Repite el proceso de perder una sola libra.

Pudiera ser un hábito que consiste en comer ciertos tipos de alimentos en lugar de otros, o el hábito de caminar largas distancias.

Mientras practicas este nuevo hábito, será más fácil y eventualmente cosecharás los buenos resultados sin estresarte, sin frustración y sin desánimo.

La idea de nuevos hábitos es no crear altas expectaciones, pero sí un buen ritmo.

Altas expectaciones traen desánimo si llegar a la meta comienza a parecer más lento que lo esperado. Por eso digo: *"Olvida las metas"*. Crea más bien un ritmo. Un proceso que te llevará al lugar deseado.

Verás que, mientras caminas por esa senda, comenzarás a amar el proceso.

No lo apures. Para y huele las flores, y antes de que te des cuenta habrás llegado a tu destino. Y arribarás feliz, lleno de gozo y listo para crear tu siguiente aventura.

Hábitos en lugar de resoluciones

Existe un parque cerca de donde vivo. Es interesante que cada año nuevo, los primeros días del año cuando salgo a hacer mi caminata de la mañana en los trillos que están detrás del parque veo a mucha gente corriendo alrededor del parque —un año pude contar más de 60 personas.

Lo más interesante es que ya para la segunda semana del año, ese número comienza a bajar, y para la tercera semana el número de entusiastas ha bajado a lo usual, osea a cuatro o cinco corredores, que son los que corren en ese parque el resto del año.

¿Qué pasó con todos los más de sesenta corredores que venían al parque a correr los primeros días del año?

Bueno. Esos son los que comenzaron el año con una lista de nuevas resoluciones.

Es muy curioso ver lo rápido que la gente rompe esas resoluciones de año nuevo, sólo para caer en culpabilidad y desánimo.

Me gustaría mostrarle un camino más excelente.

Olvida las resoluciones de nuevo año. Olvida el ponerte altas metas.

¿Qué pasaría si diseñamos un sistema? Una costumbre. Un modo de vida donde el proceso es la meta.

En lugar de preocuparnos por alcanzar una meta, ¿por qué no nos enfocamos mejor en el gozo de con calma observar la vida alrededor nuestro mientras caminamos la senda de repetir una acción?

De eso se trata la ciencia de crear nuevos hábitos. Se trata de crear un ritmo que nos permita disfrutar la vida alrededor nuestro. Así, mientras nos enfocamos en la cosas que son importantes, aprendemos a separarnos de las distracciones que nos roban el gozo, la paz y el contentamiento.

Creando nuevos hábitos

Yo hablo en detalles en cuanto a como crear nuevos hábitos paso por paso en mi libro: *Create 3 New Habits* (inglés), pero quisiera aquí compartir unas palabras sobre el proceso de crear nuevos hábitos.

Sean hábitos referentes a productividad, o hábitos saludables que mejoran nuestra vida espiritual, como por ejemplo, crear una vida de oración y continua reflexión en la palabra de Dios, o hábitos que mejoren nuestra salud física; todos consisten en el proceso de repetir disciplinas que con el tiempo se convierten en parte de nuestro ritmo diario.

En el área de productividad, llamo a estos hábitos: sistemas.

Sistemas

Aquellos que se convierte en un mecanismo.

Permítame dar un ejemplo.

En América Latina, por años ví cómo después que concluíamos un evento evangelístico masivo, y entregábamos la lista de nuevos creyentes a los pastores, pocos de los que habían pasado al frente a recibir a Cristo quedaban realmente en las iglesias.

Con el tiempo nos dimos cuenta de que en realidad el problema no consistía en la disposición. Todos estaban dispuestos a hacer el trabajo de discipular a los nuevos creyentes y añadirlos a las iglesias, sin embargo, no sabían como. No existían precedentes, manuales, herramientas, etc... y por eso la mayor parte de las veces lo más que recibía un nuevo creyente era una llamada por teléfono y una invitación a la iglesia.

Evidentemente, esto no es suficiente.

Las personas vienen a Cristo con graves problemas en sus vidas. Algunos tienen problemas familiares, otros problemas de trabajo, otros adicciones, y otros tienen el problema de que son buenos religiosos, y este último es peor que todos los problemas mencionados anteriormente.

Los miembros de las iglesias tenían buena intención, lo que se necesitaba era un sistema.

Como respuesta a esta necesidad, diseñamos el sistema de discipulado y seguimiento que hoy conocemos como transformación de ciudad.

Un método con el cual después de un festival, durante doce semanas, los nuevos creyentes son visitados, atendidos específicamente conforme a sus necesidades individuales o de familia, y sistemáticamente enseñados sobre lo que significa estar en Cristo y ser ahora parte de la familia de Dios. Al final de las doce semanas estos ya deben estar integrados a la vida de la iglesia, y continuarán como parte de un grupo de estudios bíblicos en casa o en algún lugar cerca de donde viven.

Productividad y ritmo de trabajo diario

Tengo claramente definido el fin de cada proyecto. Sin embargo, he creado la costumbre de dividir los proyectos en capítulos o partes pequeñas.

Solamente me concentro en esa parte pequeña, una vez lograda, celebro el haber conquistado ese nivel, entonces sigo hacia el próximo.

Lista de 3 cosas

Es importante tener escrito todo lo que queremos completar en un día, como parte de un proyecto grande.

Yo antes ponía todo en una lista, y era una lista larga, lo cual me creaba mucha ansiedad.

Entonces creé un sistema. Una lista diaria de solo tres cosas.

Esta lista corta me mantiene enfocado en algo que es alcanzable.

Todo lo otro lo paso a la lista general del proyecto, pero esa lista no tiene mi atención directa diaria. Mi atención está en la lista de tres cosas.

Cada vez que completo una de las cosas en la lista, me tomo unos minutos para celebrar.

La celebración no es una fiesta (no se asuste), es solo tomar unos minutos para hacer una pausa y reconocer en mi mente que he completado algo. Si es posible, salgo de la oficina y camino afuera por unos minutos, tomo agua, estiro mis pies, etc... Lo importante es hacer la pausa. Ésto me dá un sentido de logro, de realización y trae contentamiento.

Estos pequeños momentos de celebración, añaden gozo, me renuevan, y me permiten tomar lo que sigue en la lista descansado y sin presión.

Si termino las tres cosas en la lista de este día temprano y tengo tiempo entonces traslado algo de la lista general del proyecto, y lo hago sabiendo que no estoy obligado, pues ya tuve un día productivo.

No multitareas

La idea de multitarea (multitasking) se há convertido hoy en toda una práctica en los centros de trabajo; principalmente porque la información está viajando a gran velocidad y además en tiempo real recibimos comunicación desde diferentes plataformas como: correo electrónico, messenger, teléfono, celular, videoconferencias, fax, redes sociales etc...

El término multitasking surge de la informática y se relaciona al momento en el que la CPU ejecuta de manera independiente dos procesos diferentes. Tomando en cuenta esto, podemos decir que multitasking corresponde a la acción de realizar más de una tarea a la vez, siendo *"eficientes"* y *"economizando tiempo"*.

Sin embargo, los seres humanos no fuimos diseñados para esto.

Paradójicamente a las ventajas profesionales que una persona puede tener por ser multitask, ésta puede acarrearle daños a su memoria y salud, sumado a la baja calidad que podría ofrecer en sus trabajos, debido a que, al estar haciendo varias actividades al mismo tiempo, ninguna de estas tareas se ejecuta con la atención debida.

Investigadores de la Universidad de California (UCLA) descubrieron que el comportamiento multitasking crea una lucha entre dos partes del cerebro. Al realizar múltiples actividades, se da una batalla entre el hipocampo, que es el encargado de guardar y hacernos recordar información y el telencéfalo, que se encarga de las tareas repetitivas, dando como resultado que al ejecutar diversas tareas se tendrá mayor dificultad para recordar las cosas que se acaban de hacer.

Una persona que sobrecarga su cerebro automáticamente activa respuestas de estrés, libera adrenalina y mantiene al sistema nervioso en un estado de hipervigilancia, provocando problemas de salud y psicológicos.

Los padecimientos relacionados con el estrés y que algunas personas multitareas presentan son: insomnio, ansiedad, dolor de cabeza, gastritis, colitis, irritabilidad, mal humor, tensión muscular, entre otros.

¿Qué se puede hacer para evitar caer en este síndrome?

Desconéctate: Si estás en una reunión importante es imprescindible que te desconectes de cualquier dispositivo electrónico que pueda distraerte, procura enfocar tu atención únicamente en la junta y en el objetivo de ésta. Yo he creado la costumbre de salir a caminar y dejar mi teléfono celular en la oficina. Sin teléfono, mi atención está en lo que está sucediendo a mi alrededor. Estoy alerta y disfruto las maravillas de la creación. Tengo la oportunidad de prestar atención a las aves, a la frescura del pasto verde a los lados del camino, etc...

Establece prioridades: haz una lista de todas las tareas

que tengas que realizar y clasifica en importantes y menos importante. Comienza por las primeras. Recuerda la lista de tres cosas que mencioné anteriormente.

Haz una sola cosa a la vez: recuerda que antes de comenzar con una tarea nueva es indispensable que hayas terminado la que estabas desarrollando antes. Es mejor terminar una actividad con calidad que hacer muchas a la vez y a medias.

Concéntrate: procura estar alejado de todas las distracciones que puedes tener durante el día, si en tu empresa tienes acceso a las redes sociales, dedica espacios breves y específicos durante el día para revisarlas. Evita estar pendiente de todas las notificaciones que te llegan durante la jornada laboral.

10

LIDERAZGO Y DESARROLLOS

Conforme a la gracia de Dios que me ha sido dada, yo como perito arquitecto puse el fundamento, y otro edifica encima; pero cada uno mire cómo sobreedifica.
1 Corintios 3:10

Por lo cual, animaos unos a otros, y edificaos unos a otros, así como lo hacéis.
1 Tesalonicenses 5:11

En el liderazgo, la palabra desarrollo es sinónimo de edificar. Desarrollamos líderes, sistemas, estrategias y modelos que nos facilitan hacer el trabajo al cual fuimos llamados.

Muros

En algunos de nuestros círculos se hace mucho énfasis en cuanto a la construcción de templos y santuarios donde nos congregamos cada Domingo a adorar a Dios y escuchar la exposición de su palabra.

No pretendo ser crítico, en realidad necesitamos siempre un

lugar donde congregarnos, sin embargo, aunque un edificio físico tiene su importancia, creo debemos prestar atención a toda la edificación a la que hemos sido llamados, sea equipar y levantar recursos humanos, o desarrollar las herramientas que nos permitan continuar edificando el gran edificio de Dios el cual está formado por sus santos —la Iglesia.

> *Porque nosotros somos colaboradores de Dios, y vosotros sois labranza de Dios, edificio de Dios. 1 Corintios 3:9*

Si miramos detenidamente a la vida de la Iglesia del Señor en los primeros siglos, notamos que la congregaciones se reunían en casas. Los creyentes tenían un gran sentido de comunidad, y operaban en las plazas y lugares públicos. Los primeros cristianos no estaban preocupados por templos.

Al principio, existía el templo judío en Jerusalén, donde los que habían creído en Cristo todavía asistían. Sin embargo ya los creyentes se reunían en casas y pronto vemos cuando son esparcidos por causa de las primeras persecuciones, la práctica de iglesias en casas se convierte en la forma.

> *Y perseverando unánimes cada día en el templo, y partiendo el pan en las casas, comían juntos con alegría y sencillez de corazón... Hechos 2:46*

Veamos la costumbre de Pablo:

> *Así que discutía en la sinagoga con los judíos y piadosos, y en la plaza cada día con los que concurrían. Hechos 17:17*

Ejemplos de congregaciones en casas:

Saludad también a la iglesia de su casa. Saludad a Epeneto, amado mío, que es el primer fruto de Acaya para Cristo. Romanos 16:5

Saludad a Apeles, aprobado en Cristo. Saludad a los de la casa de Aristóbulo. Romanos 16:10

Saludad a Herodión, mi pariente. Saludad a los de la casa de Narciso, los cuales están en el Señor. Romanos 16:11

Las iglesias de Asia os saludan. Aquila y Priscila, con la iglesia que está en su casa, os saludan mucho en el Señor. 1 Corintios 16:19

Saludad a los hermanos que están en Laodicea, y a Ninfas y a la iglesia que está en su casa. Colosenses 4:15

y a la amada hermana Apia, y a Arquipo nuestro compañero de milicia, y a la iglesia que está en tu casa. Filemón 1:2

La idea de edificar templos es introducida años más tarde cuando el cristianismo es institucionalizado y se convierte en religión del estado. En esta etapa vemos como ideas templarias derivadas del judaísmo penetran el cristianismo. Usted puede ver cuando entramos a la edad media la importancia que los ladrillos y el cemento han tomado en la vida de lo que es una religión organizada donde la apariencia, la opulencia, la manipulación y el control reinan.

Entonces, sí, necesitamos un lugar para congregarnos, sin embargo en esta hora vamos a dedicar aquí un espacio para hablar de la edificación del otro edificio —la Iglesia de Dios— que somos nosotros.

El que edifica

¿Cómo ser un Nehemías?

El libro de Nehemías se divide en dos partes. Los primeros seis capítulos tratan acerca de la reconstrucción de la muralla, mientras que el resto de los capítulos, hasta el 13 tienen que ver con la reconstrucción del pueblo. Con estas dos tenemos el libro completo.

En las ciudades antiguas el único medio verdadero de defensa eran las murallas. Babilonia, como se cuenta en la historia de Daniel, eran de unos 380 pies de grueso y más de 100 pies de alto, unas murallas realmente masivas. Por lo tanto, la ciudad de Babilonia se consideraba a salvo.

En el caso de Nehemías, su labor fue reconstruir.

La labor del liderazgo es no sólo edificar a otros, también reparar. La mayor parte de aquellos que equipamos para servir a otros, vienen a nosotros con gran potencial, pero por lo regular son un producto en bruto. De la misma manera que estábamos nosotros cuando vinimos a Cristo.

En el proceso de prepararnos Dios usó a alguién para reparar nuestra identidad, nuestras emociones, y nuestro sistema con que procesamos lo que creemos de nosotros mismos.

Veámos las características que hacen a un Nehemías un líder valioso en las manos de su Señor.

1- Un Nehemías sabe ir delante de Dios antes de hacer nada. Su dirección viene de Dios.

> *Cuando oí estas palabras me senté y lloré, e hice duelo por algunos días, y ayuné y oré delante del Dios de los cielos. Neh 1:4*

2- Un Nehemías sabe ir delante de los grandes y busca socios poderosos.

> *Te ruego, oh Jehová, esté ahora atento tu oído a la oración de tu siervo, y a la oración de tus siervos, quienes desean reverenciar tu nombre; concede ahora buen éxito a tu siervo, y dale gracia delante de aquel varón. Porque yo servía de copero al rey. Neh 1:11*

3- Un Nehemías respeta y honra a quien lo envía.

> *Me dijo el rey: ¿Qué cosa pides? Entonces oré al Dios de los cielos, y dije al rey: Si le place al rey, y tu siervo ha hallado gracia delante de ti, envíame a Judá, a la ciudad de los sepulcros de mis padres, y la reedificaré. Neh 2:4,5*

4- Un Nehemías sabe usar el arte de la diplomacia.

> *Vine luego a los gobernadores del otro*

*lado del río, y les di las cartas del rey. Y
el rey envió conmigo capitanes del ejército
y gente de a caballo. Neh 2:9*

5- Un Nehemías evalúa los daños antes de diseñar soluciones.

*Y salí de noche por la puerta del Valle
hacia la fuente del Dragón y a la puerta
del Muladar; y observé los muros de
Jerusalén que estaban derribados, y sus
puertas que estaban consumidas por el
fuego. Neh 2:13*

6- Un Nehemías motiva a otros y forma equipo.

*Les dije, pues: Vosotros veis el mal en que
estamos, que Jerusalén está desierta,
y sus puertas consumidas por el fuego;
venid, y edifiquemos el muro de Jerusalén,
y no estemos más en oprobio.*

*Entonces les declaré cómo la mano de
mi Dios había sido buena sobre mí, y
asimismo las palabras que el rey me
había dicho. Y dijeron: Levantémonos y
edifiquemos. Así esforzaron sus manos
para bien. Neh 2:17,18*

7- Un Nehemías enfrenta la oposición y todo líder influyente
tiene oposición.

*Pero cuando lo oyeron Sanbalat horonita,
Tobías el siervo amonita, y Gesem el
árabe, hicieron escarnio de nosotros, y nos*

> *despreciaron, diciendo: ¿Qué es esto que hacéis vosotros? ¿Os rebeláis contra el rey? Y en respuesta les dije: El Dios de los cielos, él nos prosperará, y nosotros sus siervos nos levantaremos y edificaremos, porque vosotros no tenéis parte ni derecho ni memoria en Jerusalén. Neh 2:19,20*

En el capítulo tres del libro de Nehemías está grabado el comienzo del trabajo de reedificar los muros.

Note en este capítulo cuántas veces aparecen las palabras restauró y restauraron.

Como toda labor valiosa, siempre continuará la oposición. Veamos a continuación los tres tipos de oposición que enfrentó Nehemías y como respondió a cada una de ellas.

1- Oposición por medio de la burla

Cuando oyó Sanbalat que nosotros edificábamos el muro, se enojó y se enfureció en gran manera, e hizo escarnio de los judíos.

Y habló delante de sus hermanos y del ejército de Samaria, y dijo: ¿Qué hacen estos débiles judíos? ¿Se les permitirá volver a ofrecer sus sacrificios? ¿Acabarán en un día? ¿Resucitarán de los montones del polvo las piedras que fueron quemadas?

> *Y estaba junto a él Tobías amonita, el cual dijo: Lo que ellos edifican del muro de piedra, si subiere una zorra lo derribará. Neh 4:1-3*

Respuesta de Nehemías:

Oye, oh Dios nuestro, que somos objeto de su menosprecio, y vuelve el baldón de ellos sobre su cabeza, y entrégalos por despojo en la tierra de su cautiverio.

No cubras su iniquidad, ni su pecado sea borrado delante de ti, porque se airaron contra los que edificaban.

Edificamos, pues, el muro, y toda la muralla fue terminada hasta la mitad de su altura, porque el pueblo tuvo ánimo para trabajar. Neh 4:4-6

Primero Nehemías se dirigió a Dios y buscó refugio en Él. A la vez, continuaron con el trabajo.

Nunca permitas que la oposición te pare lo que estás haciendo. El secreto está en apoyarnos en Dios y no parar.

2- Oposición por medio de la ira

Pero aconteció que oyendo Sanbalat y Tobías, y los árabes, los amonitas y los de Asdod, que los muros de Jerusalén eran reparados, porque ya los portillos comenzaban a ser cerrados, se encolerizaron mucho; y conspiraron todos a una para venir a atacar a Jerusalén y hacerle daño. Neh 4:7,8

Respuesta de Nehemías:

Entonces oramos a nuestro Dios, y por causa de ellos pusimos guarda contra ellos de día y de noche. Neh 4:9

La respuesta fue, primero, de nuevo la oración y además se pusieron en alerta. Un buen líder siempre está en alerta. Vigilante a las estratagemas de enemigos, o crisis que puedan surgir en cualquier momento.

Esto no sugiere que estemos nerviosos o perdamos nuestra paz. Buenos líderes caminan en la confianza de que quien les envió a la labor, les respaldará en todo momento.

3- Oposición por medio del desánimo

Y dijo Judá: Las fuerzas de los acarreadores se han debilitado, y el escombro es mucho, y no podemos edificar el muro. Y nuestros enemigos dijeron: No sepan, ni vean, hasta que entremos en medio de ellos y los matemos, y hagamos cesar la obra. Pero sucedió que cuando venían los judíos que habitaban entre ellos, nos decían hasta diez veces: De todos los lugares de donde volviereis, ellos caerán sobre vosotros. Neh 4:10-12

Respuesta de Nehemías:

Entonces por las partes bajas del lugar, detrás del muro, y en los sitios abiertos, puse al pueblo por familias, con sus espadas, con sus lanzas y con sus arcos.

Después miré, y me levanté y dije a los nobles y a los oficiales, y al resto del pueblo: No temáis delante de ellos; acordaos del Señor, grande y temible, y pelead por vuestros hermanos, por vuestros hijos y por vuestras hijas, por vuestras mujeres y por vuestras casas.

Y cuando oyeron nuestros enemigos que lo habíamos entendido, y que Dios había desbaratado el consejo de ellos, nos volvimos todos al muro, cada uno a su tarea.

Desde aquel día la mitad de mis siervos trabajaba en la obra, y la otra mitad tenía lanzas, escudos, arcos y corazas; y detrás de ellos estaban los jefes de toda la casa de Judá.

Los que edificaban en el muro, los que acarreaban, y los que cargaban, con una mano trabajaban en la obra, y en la otra tenían la espada. Neh 4:13-17

El desánimo entra cuando oímos a las voces incorrectas. Ya sea la voz del miedo que nos producimos cuando comenzamos a ver los posibles escenarios de como algo puede salir mal, o la voz de personas que aunque estén entre nosotros, no están casados con la visión corporativa y se convierten en agentes de negatividad y falta de fe.

Entonces, cuidado a quien oyes.

Nehemías hizo algo bien creativo. Primero, motivó al equipo de trabajo, les habló de lo grande y poderoso de nuestro Dios. Segundo, todos regresaron a su tarea. Las personas cuando están ocupadas trabajando tienen menos tiempo para pensar en posibilidades de fracaso.

Lo tercero que hizo Nehemías, fue armar bien al pueblo. O sea, que eran obreros y a la vez guerreros.

Como líderes, estamos llamados a poner armas espirituales en las manos de aquellos que trabajan con nosotros en todo desarrollo.

Victoria y obra completada

Fue terminado, pues, el muro, el veinticinco del mes de Elul, en cincuenta y dos días.

> *Y cuando lo oyeron todos nuestros enemigos, temieron todas las naciones que estaban alrededor de nosotros, y se sintieron humillados, y conocieron que por nuestro Dios había sido hecha esta obra. Neh 6:15,16*

Es maravilloso ver que una obra de tal magnitud se haya podido completar en cincuenta y dos días.

Verdaderamente vemos el favor de Dios sobre Nehemías y su equipo.

Amado líder, amado mentor de líderes, si persistes, confías en Dios y no abandonas la obra, a su tiempo veras los frutos.

El carácter

Es el carácter lo que mantiene a un líder firme durante el proceso de desarrollo de cualquier obra de principio a fin. No necesariamente el dón.

Un don no es señal de madurez.

Samson estaba dotado con gran poder. Él podía pelear y solo deshacer un ejército de filisteos (Jueces 15:15), pero no tuvo el carácter para resistir las demandas de una mujer con artimañas. No pudo decir: No.

> *Y aconteció que, presionándole ella cada día con sus palabras e importunándole, su alma fue reducida a mortal angustia.*

> *Le descubrió, pues, todo su corazón, y le dijo: Nunca a mi cabeza llegó navaja; porque soy nazareo de Dios desde el vientre de mi madre. Si fuere rapado, mi fuerza se apartará de mí, y me debilitaré y seré como todos los hombres. Jueces 16:16,17*

Dalila presionó a Samson por días, hasta que pudo doblarle. El no poder resistir la presión fue su caída.

Lidiar con presión es una constante en el liderazgo. Por eso necesitamos edificar carácter para poder trabajar bajo presión.

En el caso de Samson, vemos como el mal tomó ventaja.

> *Viendo Dalila que él le había descubierto todo su corazón, envió a llamar a los*

principales de los filisteos, diciendo: Venid esta vez, porque él me ha descubierto todo su corazón. Y los principales de los filisteos vinieron a ella, trayendo en su mano el dinero.

Y ella hizo que él se durmiese sobre sus rodillas, y llamó a un hombre, quien le rapó las siete guedejas de su cabeza; y ella comenzó a afligirlo, pues su fuerza se apartó de él. Jueces 16:18-19

Oí a alguien decir una vez que el carácter se mide por cuantas veces puedes decir que "no", y por cuánto tiempo puedes sostener ese "no".

11

LIDERAZGO INVISIBLE
Usted reconoce a un buen líder cuando no está presente

Un buen líder, prepara a su equipo de tal manera, que ellos pueden funcionar perfectamente cuando él no está presente.

Lo que pasa en tu ausencia dice que tipo de líder eres. Por eso uno de los trabajos más importantes de un líder es convertirse en un mentor que pone a otros delante y él está dispuesto a desaparecer en el anonimato mientras impulsa a otros.

Jesús le dijo a sus discípulos que ellos estarían mejor en su ausencia.

> *Pero yo os digo la verdad: Os conviene que yo me vaya; porque si no me fuera, el Consolador no vendría a vosotros; mas si me fuere, os lo enviaré. Juan 16:7*

Un buen líder promueve a otros

De la misma manera, un mal líder usa a otras personas para

su beneficio personal. En los años que estuve pastoreando, recuerdo que tenía en la iglesia mecánicos, constructores, contadores públicos, y varios otros tipos de oficio.

Recuerdo cuando comencé el pastorado que mi esposa y yo nos propusimos que jamás íbamos a pedir un favor a alguno de ellos, solo por el hecho de que éramos sus pastores. Cada vez que necesité un mecánico, fuimos y pagamos en un taller.

Se que hay pastores que reciben todo tipo de servicios gratis de parte de los miembros de sus congregaciones, pero eso es tomar ventaja. No solo porque la Biblia dice que el obrero es digno de su salario, sino también porque Dios nos ha puesto para aumentar a las vidas de otros, no para quitarles.

Nuestro trabajo es promover a otros.

Como líderes, somos responsables por crear las plataformas y entregar las herramientas a quienes Dios nos ha encargado, de manera que podamos lanzarlos.

Un buen líder no mantiene gente con potencial de liderazgo sentada en la iglesia, más bien los equipa y los envía.

Un buen líder sirve a otros

Debemos sinceramente estar interesados en el bien de otras personas. Esto es ministerio.

Debemos tener bien claro que no se puede servir a Dios sin servir a otros.

> *...como el Hijo del Hombre no vino para ser*
> *servido, sino para servir... Mateo 20:28*

Entonces Jesús, llamándolos, dijo: Sabéis que los gobernantes de las naciones se enseñorean de ellas, y los que son grandes ejercen sobre ellas potestad. Mas entre vosotros no será así, sino que el que quiera hacerse grande entre vosotros será vuestro servidor... Mateo 20:25,26

No se trata de nosotros

El Evangelio no se trata de nosotros —Cristo es el centro del Evangelio.

Por eso nuestra predicación es contracultura, pues no está enfocada en prometer bienes temporales o cosas terrenales, sino que se basa en la promesa de cosas celestiales para Gloria y Honra de Jesucristo.

Nuestra predicación no responde a satisfacer las demandas de la sociedad de consumo en que vivimos.

Por eso usted no oirá mensajes prometiendo:

• Éxito en los negocios

• Éxito en el amor

• Éxito en todas tus relaciones

• Una mejor vida ahora

• Que todo te vaya bien

• Que tengas una mejor estima

- Que poseerás lo que confieses con tu boca

- Que poseas muchas riquezas

Dios nos cuida por amor a sí mismo

Aunque Dios es un Dios bueno, y nos cuida y nos da buenas cosas para que las disfrutemos, creemos que estos beneficios son bi-productos. No para ser seguidos, pues nuestra acción no está en seguir cosas, sino en seguir al Creador de todas las cosas.

Motivación de Dios

Entonces ¿cuál es la motivación de Dios al bendecirnos con cosas temporales?

Veamos ciertos beneficios:

> *Jehová es mi pastor; nada me faltará. En lugares de delicados pastos me hará descansar; Junto a aguas de reposo me pastoreará. Confortará mi alma...* Salmo 23:1,2 y 3a

Esta es la motivación:

> *Me guiará por sendas de justicia por amor de su nombre. Salmo 23:3b*

Beneficios:

> *Ahora, así dice Jehová, Creador tuyo, oh Jacob, y Formador tuyo, oh Israel: No temas, porque yo te redimí; te puse*

nombre, mío eres tú.

Cuando pases por las aguas, yo estaré contigo; y si por los ríos, no te anegarán. Cuando pases por el fuego, no te quemarás, ni la llama arderá en ti.

Porque yo Jehová, Dios tuyo, el Santo de Israel, soy tu Salvador; a Egipto he dado por tu rescate, a Etiopía y a Seba por ti.

Porque a mis ojos fuiste de gran estima, fuiste honorable, y yo te amé; daré, pues, hombres por ti, y naciones por tu vida.

No temas, porque yo estoy contigo; del oriente traeré tu generación, y del occidente te recogeré.

Diré al norte: Da acá; y al sur: No detengas; trae de lejos mis hijos, y mis hijas de los confines de la tierra, Isaías 43:1-6

Motivación:

...todos los llamados de mi nombre; para gloria mía los he creado, los formé y los hice. Isaías 43:7

Beneficios:

Oídme, costas, y escuchad, pueblos lejanos. Jehová me llamó desde el vientre, desde las entrañas de mi madre tuvo mi nombre en memoria.

Y puso mi boca como espada aguda, me cubrió con la sombra de su mano; y me puso por saeta bruñida, me guardó en su aljaba... Isaías 49:1,2

Motivación:

...y me dijo: Mi siervo eres, oh Israel, porque en ti me gloriaré. Isaías 49:3

Beneficios:

Nuestros padres en Egipto no entendieron tus maravillas; No se acordaron de la muchedumbre de tus misericordias, Sino que se rebelaron junto al mar, el Mar Rojo. Salmo 106:7

Motivación:

Pero él los salvó por amor de su nombre, Para hacer notorio su poder. Salmo 106:8

Beneficios:

Porque la Escritura dice a Faraón: Para esto mismo te he levantado... Romanos 9:17a

Motivación:

...para mostrar en ti mi poder, y para que mi nombre sea anunciado por toda la tierra. Romanos 9:17b

Dios te mantiene salvo por causa de ÉL mismo, no por causa de tu comportamiento.

> *Pues Jehová no desamparará a su pueblo,*
> *por su grande nombre 1 Samuel 12:22*

Jesús no habló por su propia cuenta —lo hizo para glorificar al Padre.

> *El que habla por su propia cuenta, su*
> *propia gloria busca; pero el que busca la*
> *gloria del que le envió, éste es verdadero,*
> *y no hay en él injusticia. Juan 7:18*

Buenas obras no son para salvarnos (no se trata de nosotros); son para glorificar a Dios.

> *Así alumbre vuestra luz delante de los*
> *hombres, para que vean vuestras buenas*
> *obras, y glorifiquen a vuestro Padre que*
> *está en los cielos Mateo 5:16*

> *...manteniendo buena vuestra manera*
> *de vivir entre los gentiles; para que en*
> *lo que murmuran de vosotros como de*
> *malhechores, glorifiquen a Dios en el día*
> *de la visitación, al considerar vuestras*
> *buenas obras. 1 Pedro 2:12*

Nuestras oraciones no son respondidas para nuestro beneficio, sino para que Dios sea glorificado.

> *Y todo lo que pidiereis al Padre en mi*
> *nombre, lo haré, para que el Padre sea*

glorificado en el Hijo. Juan 14:13

El supremo sacrificio de Cristo en la cruz fue para glorificar al Padre.

Ahora está turbada mi alma; ¿y qué diré? ¿Padre, sálvame de esta hora? Mas para esto he llegado a esta hora. Padre, glorifica tu nombre. Entonces vino una voz del cielo: Lo he glorificado, y lo glorificaré otra vez. Juan 12:27,28

Yo te he glorificado en la tierra; he acabado la obra que me diste que hiciese. Juan 17:4

El Ministerio del Espíritu Santo es para glorificarlo a EL.

El me glorificará; porque tomará de lo mío, y os lo hará saber. Juan 16:14

Todo lo que hagamos es para ÉL no para nosotros.

Si, pues, coméis o bebéis, o hacéis otra cosa, hacedlo todo para la gloria de Dios. 1 Corintios 10:31

Todo lo que Dios ha hecho por ti, incluyendo tu salvación, es para su gloria.

Bendito sea el Dios y Padre de nuestro Señor Jesucristo, que nos bendijo con toda bendición espiritual en los lugares celestiales en Cristo, según nos escogió en él antes de la fundación del mundo, para que fuésemos santos y sin mancha delante de él, en amor habiéndonos predestinado para ser adoptados hijos suyos por medio de Jesucristo, según el puro afecto de su voluntad, para alabanza de la gloria de su gracia, con la cual nos hizo aceptos en el Amado, en quien tenemos redención por su sangre, el perdón de pecados según las riquezas de su gracia, que hizo sobreabundar para con nosotros en toda sabiduría e inteligencia, dándonos a conocer el misterio de su voluntad, según su beneplácito, el cual se había propuesto en sí mismo, de reunir todas las cosas en Cristo, en la dispensación del cumplimiento de los tiempos, así las que están en los cielos, como las que están en la tierra. En él asimismo tuvimos herencia, habiendo sido predestinados conforme al propósito del que hace todas las cosas según el designio de su voluntad, a fin de que seamos para alabanza de su gloria, nosotros los que primeramente esperábamos en Cristo. Ef 1:3-12

Ef 1:3 es la mayor bendición que tu puedas recibir y es espiritual, no material, pero no se trata de ti.

Su motivación al bendecirte, no es porque tú eres grande; es porque ÉL es grande. (para alabanza de su gloria Ef 1:12)

La Biblia no es el manual de Dios para tu vida. El enfoque

de La Biblia no eres tu, es Cristo.

Cuando entendemos que no somos el centro del Evangelio, entonces somos libres para:

- Estar conformes y agradecidos con lo que tenemos

- Ser usados en servir a otros en lugar de servirnos a nosotros mismos

- Cumplir con la Comisión Misionera que el Señor nos ha entregado como mandato

Pensamientos:

El deseo de ser servidos es un acto de arrogancia. Dios nos ha llamado a servir.

> *Cuando viene la soberbia, viene también*
> *la deshonra; Mas con los humildes está la*
> *sabiduría. Pr 11:2*

Usted puede gastar su tiempo tratando de tener una mejor vida ahora, o asegurándose que otros tengan una mejor vida por la eternidad.

12

LIDERAZGO Y LEGADO
Preparando un sucesor o sucesores

El líder mentor. El modelo de Pablo (Padre - Hijo espiritual).

El Modelo Paulino

La relación de equipo Paulina es una relación de familia padre/hijos espirituales.

Paternidad Espiritual

1- Un mentor no se escoge, se descubre.

> *No escribo esto para avergonzaros, sino para amonestaros como a hijos míos amados. Porque aunque tengáis diez mil ayos en Cristo, no tendréis muchos padres; pues en Cristo Jesús yo os engendré por medio del evangelio. 1 Cor 4:14,15*

Tú no decides: *"voy a ponerme debajo de la mentoría de esta persona"*. Tú descubres esta mentoría a través de relación. Este mentor tiene, o no tiene las características de un padre espiritual.

2- Te lleva de la inmadurez a la madurez espiritual y orden. (El padre espiritual es el que invierte en edificar carácter, disciplina y fuerza espiritual en usted).

- El mentor está más interesado en tu carácter que en tus dones

- El mentor penetra a los asuntos internos del corazón

- El mentor es el que te rescata del abandono espiritual y te adopta

- El mentor ve y entiende tu futuro y te entrena sin decirte todo lo que sabe sobre tu futuro

- El mentor confronta, reprende y corrige

- El mentor establece "control propio" (carácter) en tu vida

3- Te prepara para el futuro.

Un verdadero mentor (o padre espiritual), corta de tu vida cosas que te pueden dañar en el futuro. Pablo circuncida a Timoteo.

> *Después llegó a Derbe y a Listra; y he aquí,*
> *había allí cierto discípulo llamado Timoteo,*
> *hijo de una mujer judía creyente, pero de*
> *padre griego; y daban buen testimonio de*
> *él los hermanos que estaban en Listra y*

en Iconio. Quiso Pablo que éste fuese con él; y tomándole, le circuncidó por causa de los judíos que había en aquellos lugares; porque todos sabían que su padre era griego. Hechos 16:1-3

Un mal líder, corta tu potencial en el futuro.

El rey Saúl, en lugar de alegrarse por las victorias que estaba teniendo David (quien veía a Saúl como si fuera un padre), le tuvo celos. Saúl no pudo ser un buen mentor, pues pensaba el él mismo y sus intereses primero.

Aconteció que cuando volvían ellos, cuando David volvió de matar al filisteo, salieron las mujeres de todas las ciudades de Israel cantando y danzando, para recibir al rey Saúl, con panderos, con cánticos de alegría y con instrumentos de música. Y cantaban las mujeres que danzaban, y decían:

Saúl hirió a sus miles, Y David a sus diez miles.

Y se enojó Saúl en gran manera, y le desagradó este dicho, y dijo: A David dieron diez miles, y a mí miles; no le falta más que el reino. Y desde aquel día Saúl no miró con buenos ojos a David. 1 Samuel 18:6-9

Características de Hijos Espirituales

> *Y Moisés a la verdad fue fiel en toda la casa de Dios, como siervo, para testimonio de lo que se iba a decir; pero Cristo como hijo sobre su casa, la cual casa somos nosotros, si retenemos firme hasta el fin la confianza y el gloriarnos en la esperanza.*
> *Heb 3:5,6*

• Hijos son parte de una casa (familia). Siervos solo trabajan en una casa.

• Hijos edifican el equipo, siervos trabajan en el equipo (el que no es hijo, puede ver la necesidad del equipo y pasarla por alto no prestando atención).

• Hijos usan el lenguaje de equipo (nosotros, nuestro), siervos usan el lenguaje del individualismo (ustedes).

• Hijos cuidan la reputación del equipo, siervos cuidan su propia reputación (el que no es hijo, cuando hay crisis se separa del equipo).

• Hijos atribuyen logros y conquistas al equipo, siervos se las atribuyen a ellos mismos (el siervo aprovecha los contactos que le da el nombre del ministerio, y lo usan para acaparar para ellos). Por eso es importante identificar a quienes verdaderamente son hijos espirituales.

• Hijos esperan su herencia, siervos tratan de cortar camino (el siervo no completa el proceso de entrenamiento y preparación).

- Hijos respetan la cabeza y cubren la desnudez de quien está en autoridad, siervos exponen la desnudez o las fallas humanas de su líder y comentan sobre ello (Gen 9:20-27, Lev 18:7).

- Hijos honran autoridad, siervos continuamente la desafían.

- Hijos son transparentes con su líder, siervos solo dicen lo que ellos quieren que líder sepa, o lo que el líder quiere oir. El siervo no dice realmente sus planes, mantienen un porcentaje de información a espaldas del líder. Tiene su propia agenda.

- Hijos aceptan la enseñanza y la corrección, siervos creen que no la necesitan. Se resisten a cambios, les es difícil adaptarse. Siervos no toman responsabilidad por sus errores y apuntan el dedo a otros.

- Hijos comparten la visión de la casa, siervos tienen su propia visión. Visión independiente (Fil 2:4; 19-23).

Pasando el manto mientras todavía estoy aquí

Líder que se multiplica

Multiplicarte es tu mayor necesidad.

Si después de una sesión de entrenamiento, reunión, eventos, tu y yo no quedamos enlazados en algún nivel, he fallado en mi misión como embajador.

Establece siempre relaciones duraderas, de respeto y con

sanos linderos, de manera que tu liderazgo se extienda.

¿Cómo nos multiplicamos?

1. Observa el don de alguien

2. Invita a ese alguien a una labor donde su don sea funcional

3. Asegúrate de que ese alguien reciba el beneficio de su don

Usted se preguntará... ¿Y yo, que beneficio recibo? Ésto nunca se trató de tí.

Más poderoso cuando no estoy

Si cuando un líder muere, todo lo que levantó muere con él, su influencia es borrada de la memoria de los vivientes.

Lo que pasa en tu ausencia es tu legado. Por eso uno de los trabajos más importantes de un líder es convertirse en un mentor.

Jesús le dijo a sus discípulos que ellos estarían mejor en su ausencia.

> *Pero yo os digo la verdad: Os conviene que yo me vaya; porque si no me fuera, el Consolador no vendría a vosotros; mas si me fuere, os lo enviaré. Juan 16:7*

Notas:

1- Merriam-Webster Dictionary © 2015 Merriam-Webster, Incorporated.

2- Collaboration and reciprocity. Dr Dee Gray Training Journal. Published February 1, 2013.

3- Cada uno dé como propuso en su corazón: no con tristeza, ni por necesidad, porque Dios ama al dador alegre. 2 Corintios 9:7.

4- Mateo 25:29 Porque al que tiene, le será dado, y tendrá más; y al que no tiene, aun lo que tiene le será quitado.

5- 2 Crónicas 16:9 Porque los ojos de Jehová contemplan toda la tierra, para mostrar su poder a favor de los que tienen corazón perfecto para con él. Locamente has hecho en esto; porque de aquí en adelante habrá más guerra contra ti.

6- Marcos 4:12 para que viendo, vean y no perciban; y oyendo, oigan y no entiendan; para que no se conviertan, y les sean perdonados los pecados.

7- Proverbios 22:1 De más estima es el buen nombre que las muchas riquezas, Y la buena fama más que la plata y el oro.

8- Éxodo 23:15 La fiesta de los panes sin levadura guardarás. Siete días comerás los panes sin levadura, como yo te mandé, en el tiempo del mes de Abib, porque en él saliste de Egipto; y ninguno se presentará delante de mí con las manos vacías.

9- Proverbios 18:16 La dádiva del hombre le ensancha el camino Y le lleva delante de los grandes.

10- Mateo 15:17 ¿No entendéis que todo lo que entra en la boca va al vientre, y es echado en la letrina?

11- Proverbios 24:34 Así vendrá como caminante tu necesidad, Y tu pobreza como hombre armado.

12- Juan 12:24 De cierto, de cierto os digo, que si el grano de trigo no cae en la tierra y muere, queda solo; pero si muere, lleva mucho fruto.

13- Romanos 13:8 No debáis a nadie nada, sino el amaros unos a otros; porque el que ama al prójimo, ha cumplido la ley.

14- El rico se enseñorea de los pobres, Y el que toma prestado es siervo del que presta. Proverbios 22:7

15- No tienen en poco al ladrón si hurta para saciar su apetito cuando tiene hambre; Pero si es sorprendido, pagará siete veces; Entregará todo el haber de su casa. Proverbios 6:30,31

16- Relevancia = Calidad o condición de relevante, importancia, significación. Merriam-Webster Dictionary © 2015 Merriam-Webster, Incorporated.

17- José Martí - José Julián Martí Pérez (La Habana, Cuba, 28 de enero de 1853 – Dos Ríos, Cuba, 19 de mayo de 1895) fue un político liberal, pensador, periodista, filósofo y poeta cubano, creador del Partido Revolucionario Cubano y organizador de la Guerra del 95 o Guerra Necesaria. Perteneció al movimiento literario del modernismo. En el campo de la poesía sus obras más conocidas son Ismaelillo (1882), Versos sencillos (1891),Versos libres y Flores del destierro. Sus ensayos más populares son El presidio político en Cuba (1871) y Nuestra América (1891). Se incluye entre sus obras "La edad de oro. Publicación mensual de recreo e instrucción dedicada a los niños de América" de la cual fue redactor (Julio 1889). http://es.wikipedia.org/wiki/ José_Martí

18- Scott Free es el fundador de Freestyle Missions y su impacto en la cultura urbana a jóvenes entre las edades de 16 a 30 es una fuente de dirección, esperanza y propósito en la vida de estos. http://www.freestylemissions.com

19- Tom Miyashiro es el autor del libro: Schizophrenic y evangelista asociado a Luis Palau. Su alcance transforma las vidas de jóvenes en planteles educativos y formas innovadoras de evangelismo Biografía http://www.f2fmi.org

20- Jason Schwinabart es un atleta que usa su bicicleta en eventos de deportes extremos para atraer a la juventud y hablarles del amor de Jesucristo. Su manera creativa de usar el deporte para anunciar a Cristo es una herramienta poderosa para el evangelismo de este siglo. Biografía http://www.schwinnysworld.blogspot.com

21- Alcance en que jóvenes invaden los Taxis de la ciudad y simultáneamente predican de Jesucristo a los pasajeros en mensajes cortos. El impacto ha traído crecimiento a la iglesia de la ciudad. Cagua, Venezuela

22- Compañía de Danza Expressart, Santo Domingo, Costa Rica. Por medio de sus coreografías comunican el mensaje de Jesucristo http://www.myspace.com/expresart

23- "Tratado de Psiquiatría", Henry Ey, P. Bernard y Ch. Brisset.

Formando líderes con mente de reino

Con más de treinta y cinco años de ministerio, y una reconocida trayectoria internacional, que incluye estrechas relaciones con economistas, dignatarios y aquellos que moldean las culturas presentes en las naciones, el autor ha mostrado ser una autoridad en la materia de formar líderes.

Escritor, humanitario, moldeador de culturas y precursor de movimientos de cosecha en América Latina. Su mensaje atraviesa generaciones, culturas y naciones. Ha escrito varios libros y asiste a intelectuales, así como a iletrados, en la adquisición de destrezas esenciales y soluciones pragmáticas para comunicar esperanza con valentía en entornos complejos, y a veces hostiles.

Sus concentraciones masivas y misiones humanitarias han atraído grandes multitudes durante años guiando a miles a una relación personal con Jesucristo.

Él, su esposa y sus tres hijos, viven en un suburbio de San Diego en California, desde donde se coordinan todos los eventos de la asociación que lleva su nombre.

Trabajo de JA Pérez con líderes de Latinoamérica
Cuando una ciudad o provincia es impactada, con
frecuencia gobernantes y líderes nacionales —senadores
y congresistas— asisten al evento y reconocen el
movimiento, pero los frutos mayores del proyecto
completo son las miles de vidas que son transformadas
por el poder del evangelio. Ese es el principal propósito
de todo — comunicar las buenas noticias de Cristo.

Líderes con visión global
Los líderes que equipamos
en las Américas, son quienes
sostienen y dan seguimiento
a movimientos de cosecha
cada vez que concluye un
proyecto a nivel ciudad. Ya
equipados para comunicar
el evangelio de una manera
relevante y culturalmente
sensitiva, estos corren con la
comisión de hacer discípulos
en cada generación y grupo
étnico en todas las esquinas
del continente.

Otros libros por JA Pérez

JA Pérez ha escrito más de 50 libros y manuales de entrenamiento. Todos sus libros están disponibles en Amazon.com así como en librerías y tiendas mundialmente. Libros con temas para la familia, empresa, liderazgo, economía, profecía bíblica, devocionales, inspiracionales, evangelismo y teología.

Serie Liderazgo

Esta serie

Esta serie intenta comunicar al alumnado doce columnas básicas elementales, necesarias para establecer los fundamentos sólidos sobre los cuales reposa el liderazgo sano.

No son éstos los únicos principios o conceptos que regulan la formación de un líder, sin embargo, estas doce áreas cubiertas en la serie, establecerán una buena base sobre la cual edificar.

Misión de la Escuela de Liderazgo Internacional

Levantar, equipar y enviar líderes de estatura, probados y consagrados, con visión global —listos para sentarse a la mesa con aquellos que moldean culturas, influyen decisiones y diseñan las ideas que dirigen el curso de vida en sus respectivos países.

¿Cómo lo hacemos?

A éstos procuramos proporcionar principios culturalmente sensitivos en un contexto internacional y ésto en sesiones exclusivas —todo en un marco de tiempo que líderes realmente ocupados pueden manejar.

Impacto a largo plazo

Líderes se han de formar con una mentalidad de impacto a largo plazo. Asegurando que la experiencia adquirida por los mismos se transmita de manera exponencial, a medida que se comprometen a influir a otros líderes y comunidades.

LIDERAZGO
IRREVOCABLE

JA PÉREZ

LIDERAZGO
INTELIGENTE

JA PÉREZ

LIDERAZGO
y CONSORCIOS

JA PÉREZ

LIDERAZGO
y GOBIERNOS

JA PÉREZ

LIDERAZGO
PRODUCTIVO

JA PÉREZ

LIDERAZGO
y CAPITAL INFLUYENTE

JA PÉREZ

LIDERAZGO
INSPIRACIONAL

JA PÉREZ

LIDERAZGO
TRANSPARENTE

JA PÉREZ

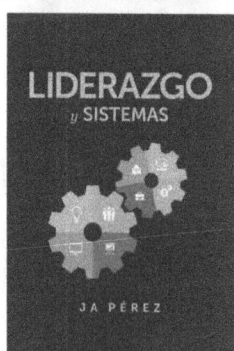

LIDERAZGO
y SISTEMAS

JA PÉREZ

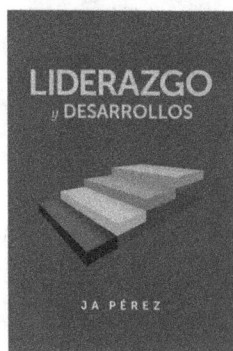

LIDERAZGO
y DESARROLLOS

JA PÉREZ

LIDERAZGO
INVISIBLE

JA PÉREZ

LIDERAZGO
y LEGADO

JA PÉREZ

Series Conferencias

Discipulado para Nuevos Creyentes y Estudios de Grupos

Liderazgo, Gobierno y Diplomacia

Inspiración y Creatividad en Liderazgo

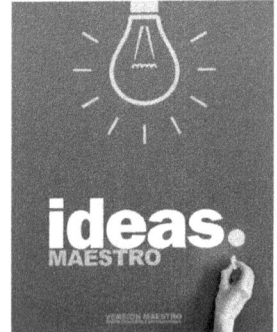

Temas Varios

Crecimiento Espiritual, Principios de Vida y Relaciones — Recientes

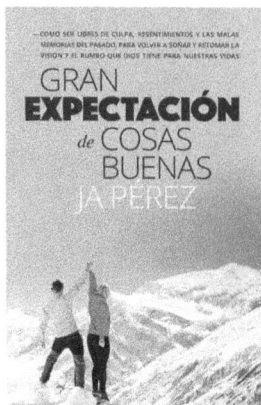

GRAN **EXPECTACIÓN** de COSAS BUENAS
JA PÉREZ

FELIZ
JA PÉREZ
LIBRO INTERACTIVO

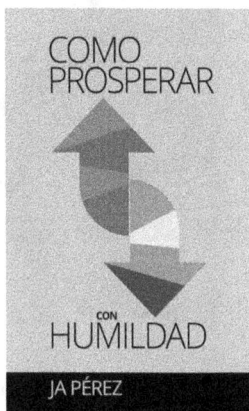

COMO PROSPERAR CON HUMILDAD
JA PÉREZ

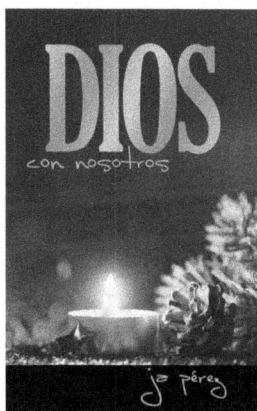

DIOS con nosotros
ja pérez

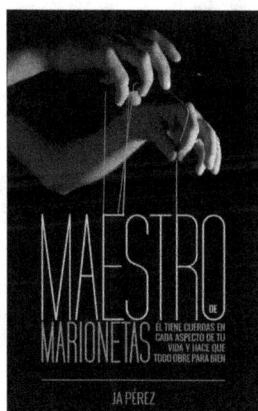

MAESTRO DE MARIONETAS
JA PÉREZ

Profecía Bíblica

40 PROFECÍAS CUMPLIDAS
J.A.PÉREZ

EL FIN
ESTADO PROFÉTICO DE LAS NACIONES
J.A.PÉREZ

Teología

GRACIA SOBERANA
SU SACRIFICIO fue SUFICIENTE
JA PÉREZ

Evangelismo y Colaboración

AHORA
que estoy en
CRISTO

JA PÉREZ

COMO
COMPARTIR
LAS
BUENAS
NOTICIAS

JA PÉREZ

Cosecha
Latinoamérica

EVANGELISMO
EFECTIVO

JORGE ARMANDO PÉREZ VENÁNCIO

JA PÉREZ

JUNTOS
XEL
CONTINENTE

JA PÉREZ

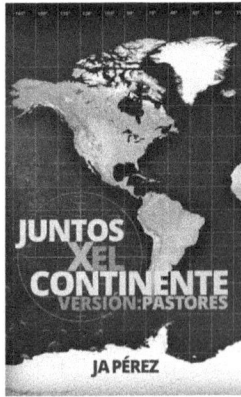

JUNTOS
XEL
CONTINENTE
VERSIÓN: PASTORES

JA PÉREZ

Festivales y
Concentraciones

Juntos En la Jornada

Festivales y
Concentraciones

Juntos En la Cosecha

JUNTOS

Festivales y
Concentraciones

Juntos Concejo
Internacional

Devocionales

Ficción, Historietas

Crecimiento Espiritual, Principios de Vida y Relaciones — Clásicos

English

Evangelism and Collaboration

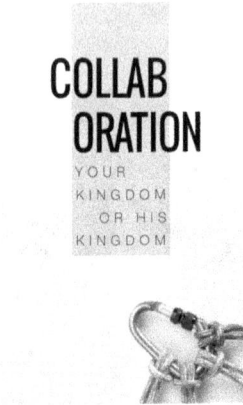

Contacte/siga al autor

Blog personal y redes sociales

japerez.com

@japereznow

facebook.com/japereznow

Asociación JA Pérez

japerez.org

Keen Sight Books

www.ingramcontent.com/pod-product-compliance
Lightning Source LLC
Chambersburg PA
CBHW062053270326
41931CB00013B/3051